L'anglais

POUR

LES NULS

JUNIORS

L'anglais POUR LES NULS JUNIORS

Brigitte Lallement

Nathalie Pierret

Illustrations
SaT

FIRST
Editions

L'anglais pour les Nuls Juniors
« Pour les Nuls » est une marque déposée de Wiley Publishing, Inc.
« For Dummies » est une marque déposée de Wiley Publishing, Inc.

60, rue Mazarine
75006 Paris – France
Tél. : 01 45 49 60 00
Fax : 01 45 49 60 01
Courriel : firstinfo@efirst.com
Internet : www.editionsfirst.fr

ISBN : 978-2-7540-3608-5
Dépôt légal : août 2012

Directrice éditoriale : Marie-Anne Jost-Kotik
Éditeur : Benjamin Ducher
Correctrice : Valérie Gios
Dessins : SaT
Couverture et mise en page : Stéphane Angot
Production : Emmanuelle Clément

Sommaire

Introduction

Le livre qu'il vous faut !

Soyons honnêtes… Après des années passées dans les cours d'anglais à l'école, au collège, ou même au lycée, vous avez l'impression d'avoir, bien sûr, appris des choses… mais surtout d'en avoir oublié beaucoup plus encore.

Bien entendu, les mots comme « prétérit », « auxiliaire modal », « verbe irrégulier », vous disent bien quelque chose, mais quoi, exactement ?

Bref, vous avez envie de mettre un peu d'ordre dans tout cela avant d'attaquer une nouvelle année scolaire dans de bonnes conditions. On va voir ce qu'on va voir !

Nous allons tout revoir. Mais surtout, nous allons vous démontrer que la langue anglaise, bien que parlée par un peuple aux habitudes parfois étranges (ne roulent-ils pas à gauche quand le monde entier sait bien que, pour éviter les accidents, c'est sur la droite qu'il faut se tenir !!), n'est finalement pas si compliquée que cela. Ils arrivent bien à la parler, eux, alors pourquoi pas vous ? Nous allons vous aider à déjouer les pièges qui semblent avoir été placés là simplement pour faire trébucher les honnêtes francophones que vous êtes... Nous allons tout revoir tranquillement, et tout va devenir clair. À chaque instant, vous vous direz « Mais bien sûr que je le savais, ça ! » Et, comme quand on fait un puzzle, tout va prendre sens. Vous pourrez ainsi pleinement profiter, avec des bases solides, de vos cours d'anglais en comprenant bien ce qui s'y passe, et vous pourrez y revenir si un point semble vous avoir échappé. Bref, vous serez paré !

Ce livre est fait pour vous. Il est l'outil indispensable dont vous avez besoin.

À propos de ce livre

L'anglais pour les Nuls Juniors est un ouvrage complet : il parcourt toute la grammaire que vous devez connaître et il couvre tous les domaines de communication de la vie courante qui figurent aux niveaux A2 et B1 du Cadre européen commun de référence pour les langues – le CECRL – dont vos professeurs vous ont parlé. En plus, par-ci par-là, vous trouverez des anecdotes, des renseignements intéressants sur la Grande-Bretagne et sur les États-Unis.

L'anglais pour les Nuls Juniors est un ouvrage de référence, que vous pourrez consulter chaque fois que vous vous poserez une question sur un point de langue, soit de grammaire, soit de communication. Vous pourrez l'utiliser comme outil quand vous avez des devoirs à faire à la maison – des exercices ou des productions, écrites ou orales.

Comment ce livre est organisé

Nous avons divisé *L'anglais pour les Nuls Juniors* en cinq parties pour que vous puissiez vous y retrouver facilement et naviguer selon ce que vous recherchez.

Première partie : Les noms… et tout ce qui les accompagne

La première chose dont on a besoin quand on veut parler, c'est évidemment des noms, pour nommer (ben oui, c'est logique !) les choses et les personnes.

Un nom se promène rarement tout seul, il s'entoure d'une foule d'autres mots qui servent à les déterminer, à les compter ou à les décrire. Comme un chef de gang, le nom (ou sa doublure, le pronom) est l'élément central du groupe nominal. Et c'est ce gang que nous explorons dans cette partie.

Vous verrez aussi qu'un nom a parfois des acolytes, avec lesquels il se mélange, il se combine, pour créer encore d'autres mots…

Deuxième partie : Les verbes

Sans les verbes, nos conversations seraient vraiment limitées – on serait comme les bébés qui découvrent le plaisir de nommer les objets ou animaux qu'ils connaissent en les montrant du doigt, sans vraiment communiquer.

Le verbe est le chef d'un autre gang, le groupe verbal. On vous l'avait dit, tout est très logique ! C'est lui qui indique une action ou un état, qui montre si vous parlez du passé, du présent ou de l'avenir, si vous donnez un ordre ou si vous posez une question – et bien d'autres nuances que nous allons explorer dans cette partie – toujours avec des exemples bien clairs, faites-nous confiance…

Troisième partie : Combiner les mots dans les phrases

Ces deux gangs – groupe verbal et groupe nominal – vivent ensemble. Cette cohabitation se fait en suivant des règles bien précises, pour créer des phrases. Ils s'organisent pour poser des questions, pour rapporter les paroles de quelqu'un, pour préciser notre pensée, pour nuancer, etc. C'est la « syntaxe ».

Quatrième partie : Les mots et expressions que je dois connaître

Plutôt que de redécouvrir chaque fois le sens des phrases, il est parfois plus simple de les avoir apprises directement pour les avoir à portée de main quand on en a besoin. Nous quitterons la grammaire dans cette partie très importante pour vous aider à enrichir votre vocabulaire et à mieux communiquer dans la vie quotidienne : comment parler de soi, de sa famille, de sa maison, de ses loisirs, etc.

Cinquième partie : La partie des Dix

Nous vous avions parlé au début de cette introduction des pièges inventés par les anglophones pour pouvoir se moquer de nous… Les trois chapitres de cette partie vont vous aider à les repérer et à les déjouer pour sortir victorieux de ce défi : les fautes à éviter, les faux amis à repérer, les verbes à surveiller de près.

Nous avons créé cette partie à partir de notre longue expérience des erreurs que les jeunes Français commettent tout le temps. C'est une sorte de check-list. Nous sommes certains qu'elle va vous être bien utile.

Annexe

Vous n'espériez quand même pas y échapper ? Les affreux, les incontournables, ceux que les Anglais ont créés uniquement pour nous compliquer la tâche, les verbes irréguliers, bien sûr ! Impossible de s'en passer, ce sont les verbes les plus courants de la langue anglaise. Pour vous aider, nous avons sélectionné les plus courants pour que vous puissiez les apprendre plus facilement.

Les icônes utilisées dans ce livre

Les icônes sont ces petits dessins que vous trouvez dans la marge. Ils attirent votre attention sur les points importants, sur un fonctionnement inattendu, sur une anecdote intéressante, etc. Arrêtez-vous sur ces paragraphes, ils sont importants.

Comme son nom l'indique, cette icône vous indique un truc qui vous simplifiera la vie. Les choses sont souvent simples, il suffit de les regarder dans le bon sens !

Avec cette icône, nous vous signalons les dangers. C'est comme le code de la route… il vaut mieux être prévenu des choses un peu délicates pour pouvoir les négocier sans dommage.

Cette icône vous invite à aller un peu plus loin, à mettre les choses en perspective, à voir, comme le disent les Anglais, **the big picture !**

Cette icône signale les petites informations concernant nos amis anglophones : comment vit-on chez eux, comment conçoivent-ils les choses – ils sont parfois bien bizarres, non ?

Vous trouverez parfois cette icône dans la partie « communication » : le vocabulaire ou les expressions courantes nous renvoient parfois à un fonctionnement grammatical que nous pensons utile de rappeler.

Au fil des pages, ces icônes vous indiquent les points primordiaux à ne jamais oublier.

Et maintenant, par où commencer ?

Comme tous les livres Pour les Nuls, ce livre est un outil à votre service. Vous n'êtes pas obligé de le lire dans l'ordre ! Naviguez dans ce livre selon vos besoins ou vos envies. Si quelque chose vous semble rébarbatif (nous avons tout fait pour éviter cela !), allez au chapitre suivant – et vous y reviendrez plus tard.

Jetez-vous à l'eau.

Une chose importante à ne jamais oublier. Vous ne faites pas la course, vous ne participez pas un à concours ! Prenez votre temps, adoptez le rythme qui vous convient. N'hésitez pas à reprendre le même chapitre plusieurs fois.

Enfin, souvenez-vous que vous allez progresser dans la maîtrise de l'anglais… Mais vous n'éviterez pas toutes les erreurs. Tout le monde fait des erreurs, y compris les anglophones ! Une erreur de grammaire n'est pas la fin du monde. L'essentiel est de vous lancer, de parler ou d'écrire au mieux. Si vous arrivez à mieux vous faire comprendre, vous aurez gagné votre pari.

Première partie

Les noms… et tout ce qui les accompagne

Dans cette partie…

On a l'impression au départ que c'est tout simple : à chaque un objet (ou personne) correspond un nom, et hop, le tour est joué… Ah ? Non, mais franchement, vous pensiez que, si c'était si simple, on aurait pris la peine d'en faire un livre ? Un nom tout seul, tout nu, c'est comme un général sans armée, ça ne sert pas à grand-chose. Par contre, habillez-le avec des marqueurs qui indiqueront le genre, ou le nombre, faites-le accompagner d'un déterminant, d'un adjectif, d'un génitif ou même d'un autre nom, bref de toute une petite cour qui l'aidera à tenir son rang, et là, on verra de quoi il est capable ce nom !

Chapitre 1

Les noms

Dans ce chapitre :

- Nom propre ou nom commun ?
- Masculin ou féminin ?
- Comptable ou non comptable ?
- Singulier ou pluriel ?
- Accorder les noms avec les verbes

Évidemment, pour parler, il faut des mots. Deux types de mots sont indispensables pour faire des phrases, les verbes (nous en parlerons dans la deuxième partie de ce chapitre) et les noms. Tout le reste ne sert qu'à préciser ces deux éléments !

Un nom est un mot qui désigne une personne, un animal, une chose, une catégorie, un ensemble, une idée, etc. La variété des noms est infinie et ils ne se comportent pas tous de la même façon. Il va falloir les classer un peu pour s'y retrouver !

Le français classe les noms en fonction de leur genre (masculin ou féminin) et de leur nombre (singulier ou pluriel). C'est un peu différent en anglais où on se demandera d'abord si le nom est comptable ou non comptable, avant de savoir s'il est singulier ou pluriel…

Nom commun ou nom propre ?

C'est à peine utile d'en parler, car cette différence est la même qu'en français.

Le nom commun désigne des éléments concrets (personnes, animaux, choses) comme **table**, **potato**, **car**, ou abstraites comme **beauty**, **love**, etc. Il peut porter la marque du pluriel et être précédé d'un déterminant. Il peut être formé de plusieurs mots, accolés, ou séparés par un trait d'union ou une espace ; on parle alors de nom composé (voir chapitre 6).

Le nom propre renvoie à un élément, directement grâce à l'appellation que quelqu'un lui a donnée (**Barbara**, **New York**, **Google**). Il ne prend pas la marque du pluriel et n'est pas précédé de déterminant – sauf dans quelques cas assez rares. Il commence par une majuscule.

Le genre des noms

Fille ou garçon ?

La première chose qu'un Français doit savoir, pour construire une phrase, c'est si l'élément dont il parle est au masculin ou au féminin, pour pouvoir accorder les éléments de la phrase. « Une » table, mais « un » tabouret... Avouez qu'il n'est pas simple de s'y retrouver ! Pourquoi le mascara est-il masculin quand il est utilisé par les femmes, quand la moustache est un nom féminin ?

Bonne nouvelle, les Anglais ne se posent pas cette question. Pour eux, soit c'est un être humain, et le sexe est indiqué dans le mot lui-même (**man** – **woman**), soit ce n'en est pas un et dans ce cas il n'y a pas à se poser la question du sexe ! Logique, non ?

Neutre pour 90 % des noms

Sauf exceptions, les noms qui ne renvoient pas à des êtres humains sont considérés comme neutres. Au singulier, on les reprend par le pronom personnel **it**.

- **I saw a film yesterday. I really liked it.**
  J'ai vu un film hier. Je l'ai vraiment bien aimé.

GROS PLAN

Des cas à part !

Les animaux familiers

On peut attribuer un sexe à des animaux domestiques que l'on considère comme des membres de la famille, ou à quelques objets que l'on considère comme des êtres humains.

My cat sleeps in my bed, and she takes all the space!

Mon chat dort dans mon lit et elle prend toute la place !

Le bébé

Pas toujours simple de savoir si un bébé est un garçon ou une fille. Le plus simple est d'en parler en utilisant le pronom **it**, cela ne vexera personne !

Did you see their baby? – Yes but it was asleep.

Tu as vu leur bébé ? – Oui, mais il dormait.

Bien entendu, dès que vous saurez s'il s'agit d'un petit garçon ou d'une petite fille, vous choisirez le pronom qui lui conviendra le mieux !

Sexe apparent ? 0-o !

Les pronoms

Pas toujours facile de savoir de qui on parle. En français, si vous parlez de « votre amie », on ne saura qu'à l'écrit que vous parlez d'un garçon ou d'une fille. À l'oral, on attendra que vous utilisiez un pronom. C'est la même chose en anglais.

- **I really like Jo. She's my best friend. And Pat, her husband, is a very good friend too.**
  J'aime beaucoup Jo. C'est ma meilleure amie. Et Pat, son mari, est aussi un très bon ami.

Le sens des mots

homme/femme	**man/woman**
fille/garçon	**girl/boy**
père/mère	**father/mother**
fils/fille	**son/daughter**
oncle/tante	**uncle/aunt**
neveu/nièce	**nephew/niece**
époux/épouse	**husband/wife**

Le suffixe -ess qui peut s'ajouter à certains noms masculins pour former l'équivalent féminin

acteur/actrice	**actor/actress**
prince/princesse	**prince/princess**
dieu/déesse	**god/goddess**

La composition avec -man ou -woman

vendeur/vendeuse	**salesman/saleswoman**
policier/policière	**policeman/policewoman**
président/présidente	**chairman/chairwoman**
porte-parole	**spokesman/spokeswoman**
pompier	**fireman/firewoman**

La composition avec male ou female, en particulier quand on parle du métier

infirmier/infirmière	**male nurse/female nurse**
violoniste	**male violonist/female violonist**

CHEZ NOS VOISINS

Halte aux discriminations !

De plus en plus fréquemment, on considère qu'il n'est pas pertinent, pour parler des gens dans leur contexte social ou professionnel, de préciser s'il s'agit d'une femme ou d'un homme, le sexe n'ayant rien à voir dans l'histoire… On évitera ce choix en remplaçant **man/woman** par **person,** au singulier et **people** au pluriel.

porte-parole	**spokesperson**
vendeur(s)	**salesperson**

Et les animaux dans tout ça ?

Au-delà de l'aspect affectif dont on a déjà parlé, divers procédés permettent de préciser le sexe d'un animal. Ce sont souvent les mêmes procédés que pour les humains. Attention, même lorsque le caractère mâle ou femelle de l'animal est indiqué, le nom reste neutre, donc est repris par **it**.

Le lexique

cheval/jument	**horse/mare**

Le suffixe -ess

lion/lionne	**lion/lioness**

L'adjonction de she ou male/female

chèvre	**she-goat**
gorille femelle	**female gorilla**

On les compte... ou pas ?

Les noms comptables

Savoir si on peut ou non compter les éléments dont on parle est important, car c'est de cette question que dépendra le choix des articles et quantifieurs (voir chapitre 3).

Comme leur nom l'indique, les noms comptables (ou dénombrables) renvoient à des éléments, objets, personnes, idées, etc., qui peuvent être comptés. Ils peuvent être précédés de l'article indéfini **a/an** au singulier, et être mis au pluriel et éventuellement précédés d'un nombre.

a cat – three cats	un chat – trois chats
an apple – two apples	une pomme – deux pommes

Les noms non comptables

Les noms non comptables (ou indénombrables) désignent tout ce qu'on ne peut pas compter. Ce sont, par exemple, les noms de matière ou de liquide, ou les noms abstraits. Ces noms ne sont jamais précédés de l'article indéfini **a/an** ; ils sont toujours au singulier et ne peuvent pas être précédés d'un nombre.

rice	le/du riz
music	la/de la musique
love	l'/ de l'amour

Les notions abstraites sont toujours non comptables : elles ne peuvent pas être dénombrées et on ne peut en prélever une partie.

- **Imagination is more important than knowledge.**
  L'imagination est plus importante que la connaissance.

En français, on peut isoler une notion en lui ajoutant un adjectif et un article défini (de l'eau pure) ou indéfini (une eau pure). Cela n'est pas possible en anglais. L'eau ne pouvant pas être comptée, on ne la fait pas précéder d'un article : **pure water**.

- **My grand-father enjoys very good health**
  Mon grand-père a une très bonne santé (pas... ~~**a very good health**~~**).**
- **We've had terrible weather**
  Nous avons eu un temps horrible (pas... ~~**a terrible weather**~~**).**

Pas toujours clair

Ce n'est pas parce qu'en français un nom est non comptable (ou l'inverse !) que c'est la même chose en anglais. Par exemple, vous savez que « les cheveux » (comptables en français) se disent **hair** (non comptables) en anglais ; si vous parlez de **hairs**, vous comptez, et vous ne parlez plus de cheveux, mais de poils !

Her hair is black and shiny.
Ses cheveux sont noirs et brillants.

Ainsi, certains noms sont non comptables en anglais, ne sont donc jamais précédés de **a/an** ni mis au pluriel. Pour les dénombrer, vous aurez besoin d'utiliser soit un autre mot, soit une expression pour les quantifier.

hébergement	**accommodation (a flat, a hotel room)**
conseil	**advice (a piece of advice)**
pain	**bread (a loaf, a roll)**
meuble	**furniture (a piece of furniture)**
information	**information (a piece of information)**
bagage	**luggage (a piece of luggage, a suitcase)**
nouvelle	**news (a piece of news)**
recherche	**research (a piece of research, an experiment)**
voyage	**travel (a journey, a trip)**
toast	**toast (a piece of toast)**

GROS PLAN

A piece of est l'expression la plus usitée en anglais pour fragmenter les noms indénombrables que l'on peut avoir besoin de compter tout de même et de mettre au pluriel.

- **What a piece of luck!**
  Quelle chance !
- **Can I give you a piece of advice?**
  Je peux vous donner un conseil ?

ATTENTION !

Certains mots peuvent être comptables ou non comptables, et ils ont alors un sens différent.

Paper

- **I'd like some white paper./I'm going out to buy a paper.**
  Je voudrais du papier blanc./Je vais acheter un journal.

Glass

- **This vase is made of glass./Would you like a glass of water?**
  Ce vase est en verre./Voulez-vous un verre d'eau ?

Coffee

- **I'd like some coffee./Could we have two coffees?**
  Je voudrais du café./Je voudrais deux cafés.

Hair

- **She's got red hair./How to get rid of dog hairs?**
  Elle a les cheveux roux./Comment se débarrasser des poils de chien ?

Le pluriel des noms

Pluriel… avec un -s, non ?

Oui, la plupart du temps, comme en français, la terminaison **-s** est la marque du pluriel.

a house – two houses	une maison – deux maisons
a cat – two cats	un chat – deux chats

L'expression **one and a half** indiquant une quantité supérieure à un, le nom qu'elle introduit porte la marque du pluriel.

- **It took me one and a half hours.**
  Cela m'a pris une heure et demie.

Le casse-tête des terminaisons

La terminaison **-s** se prononce en anglais. On sait donc clairement si on a affaire à un singulier ou à un pluriel. Mais certains noms ne supportent pas ce **-s** à cause de leur terminaison. Dans ce cas, des modifications orthographiques s'imposent !

Terminaison -ch, -s, -sh, -x ou -z → pluriel -es

plage	**beach**	→	**beaches**
boîte	**box**	→	**boxes**
bus	**bus**	→	**buses**
plat	**dish**	→	**dishes**

Terminaison -o → pluriel -oes

pomme de terre	**potato**	→	**potatoes**

Terminaison consonne + -y → pluriel -ies

dame	**lady**	→	**ladies**
histoire	**story**	→	**stories**
corps	**body**	→	**bodies**

Attention, le pluriel est un simple **-s** quand la terminaison **-y** est précédée d'une autre voyelle.

These ladies don't work on Mondays.
Ces dames ne travaillent pas le lundi.

Terminaison -f ou -fe → pluriel -ves

demi	**half**	→	**halves**
couteau	**knife**	→	**knives**
feuille	**leaf**	→	**leaves**
étagère	**shelf**	→	**shelves**
épouse	**wife**	→	**wives**

Quelques pluriels irréguliers

L'anglais a quelques pluriels irréguliers – mais vraiment pas beaucoup en comparaison avec bien des langues européennes. Pas d'autre solution que de les apprendre par cœur.

enfant	**child**	→	**children**
pied	**foot**	→	**feet**
oie	**goose**	→	**geese**
pou	**louse**	→	**lice**
homme	**man**	→	**men**
souris	**mouse**	→	**mice**
bœuf	**ox**	→	**oxen**
dent	**tooth**	→	**teeth**
femme	**woman**	→	**women**

Et le verbe dans tout cela ?

Les noms suivis d'un verbe au singulier

Évidemment, les verbes qui accompagnent les noms au singulier sont au singulier.

- **This city is really beautiful**
  Cette ville est vraiment magnifique.

C'est aussi, bien entendu, le cas pour les noms collectifs comme **hair** ou **luggage**.

- **His hair is short.**
  Ses cheveux sont courts.

Attention ! Certains noms terminés par **-s** ressemblent à des pluriels mais ils vous trompent ! Ce sont des noms singuliers – et donc ils s'accordent au singulier. Ce sont des noms de sciences ou d'activités qui se terminent par **-ics** comme **economics**, **linguistics**, **physics**, ou certains noms de maladie comme **measles**.

- **Mathematics is the subject I prefer.**
  Les maths sont la matière que je préfère.

GROS PLAN

Malgré sa terminaison trompeuse, le mot **news** (les nouvelles) est singulier. Donc il s'accorde au singulier.

- **The news is good.**
  Les nouvelles sont bonnes.

Figure 1-1: Here is the news !

Les noms suivis d'un verbe au pluriel

Logique! Les noms au pluriel sont suivis d'un verbe au pluriel.

- **The beaches were wonderful.**
  Les plages étaient formidables.

ATTENTION !

Les noms propres peuvent prendre la marque du pluriel en anglais pour désigner une famille.

- **We are going to visit the Durands tonight.**
  Nous allons chez les Durand ce soir.

Certains mots sont singuliers en français et pluriels en anglais. Des noms comme « pantalon » sont considérés comme des objets doubles (Eh oui ! Il y a deux jambes à un pantalon !). Ils sont donc suivis d'un verbe au pluriel.

- **My jeans are too tight.**
  Mon jean est trop serré.

Chapitre 2

Les pronoms

Dans ce chapitre :

- Les pronoms sujets
- Les pronoms compléments
- Les pronoms indéfinis
- Les pronoms réfléchis
- Les pronoms réciproques
- Les verbes réfléchis
- Les verbes pronominaux

Essayez donc de lire la phrase suivante : **Jimmy called Mary. Jimmy told Mary he was going to buy a new car. "The new car will be very useful to Jimmy and Mary," Jimmy said.** (Jimmy appela Mary. Jimmy dit à Mary qu'il allait acheter une nouvelle voiture. "La nouvelle voiture sera très utile à Mary et Jimmy", dit Jimmy.)

Lisez maintenant ceci : **Jimmy called Mary. He told her he was going to buy a new car. "It will be very useful to us," he said.** (Jimmy appela Mary. Il lui dit qu'il allait acheter une nouvelle voiture. "Elle nous sera très utile", dit-il.)

Tout est dit, n'est-ce pas ? Les pronoms sont indispensables pour rendre les phrases claires et faciles à lire. Ils ne sont pas toujours faciles à manier, car ils changent selon leur fonction – mais ils sont tellement utiles que cela vaut vraiment la peine de s'y pencher.

Les pronoms sujets

Où les trouver ?

Cela peut sembler évident : un sujet, qu'il soit pronom ou pas, se place devant le verbe et il permet de savoir qui fait l'action. Seule exception, la forme interrogative, pour laquelle on observe une inversion du sujet et de l'auxiliaire.

- **She is very nice. Is he nice too?**
  Elle est très gentille. Et lui, est-il gentil aussi ?

En anglais, un adverbe peut parfois séparer le pronom sujet du verbe.

- **I often go to Paris.**
  Je vais souvent à Paris.
- **She calmly walked away.**
  Elle s'éloigna calmement.

Bien connus

Vous en connaissez certainement déjà la liste, mais il n'est jamais inutile de repréciser les choses !

I	Je
You	Tu
He/she/it	Il/elle
We	Nous
You	Vous
They	Ils/elles

ATTENTION !

En français, quand il y a deux sujets, on a recours au pronom complément (ma sœur et moi). En anglais, on conserve la forme sujet dans tous les cas.

- **My sister and I have similar tastes.**
  Ma sœur et moi avons les mêmes goûts.

Quelques remarques…

Le **I** de la première personne est toujours en majuscule.

Il n'y a pas de différence en anglais entre la deuxième personne du singulier et du pluriel : **you** peut être utilisé pour « tu » comme pour « vous ».

À la troisième personne du singulier, on distingue le féminin du masculin et du neutre. Au pluriel, tout le monde est logé à la même enseigne : **they** pour les humains, les animaux, les objets, au masculin, au féminin ou au neutre.

CHEZ NOS VOISINS

Je lui dis « tu » ou « vous » ?

Pas besoin de vous poser la question qui parfois est un vrai problème : en anglais, pas de marque de familiarité ! On ne risque pas de commettre d'impair, c'est **you** pour tout le monde.

Madame chaise et Monsieur tabouret.

Le français a attribué un genre à tous les noms, on ne sait pas toujours bien pourquoi… Pourquoi une chaise serait-elle du féminin quand un tabouret est du masculin ?

En anglais, cette différence n'existe pas : soit on parle d'une femme, et on utilise **she**, soit on parle d'un homme et on utilise **he**. Dans tous les autres cas, ce sera **it** !

Quelques petites exceptions cependant… Si vous considérez que votre animal de compagnie fait partie de la famille, vous pouvez lui donner une vraie identité en utilisant **he** ou **she**. Mais pour les autres animaux, vous reviendrez au **it**. L'araignée qui est sous votre lit par exemple… **it is disgusting** !

Autre petite exception bien pratique : il n'est pas choquant d'utiliser le pronom **it** pour parler d'un bébé…

Moi je…, toi tu…, c'est lui qui…

En français, surtout à l'oral, on met souvent un pronom en valeur en le répétant : « Moi, je pense que… » ou en utilisant une structure impersonnelle : « C'est lui qui… » Cela ne se fait pas en anglais. Alors comment faire pour insister ? À l'oral, on accentue le pronom, et à l'écrit on le met en gras ou en italique.

- **Of course, Julie can't help me, but *you* can!**
  Bien sûr que Debbie ne peut pas m'aider, mais toi, tu peux !

Les pronoms compléments

On fait simple !

Ils peuvent remplacer n'importe quel type de nom : personne, objet, idée, etc.

En français, les pronoms compléments prennent des formes différentes (me, m', moi, te, toi, etc.) selon leur place. Plus simple en anglais : une seule forme convient dans tous les cas.

- **I love her. I'll go with her. I'll give her some flowers.**
  Je l'aime. J'irai avec elle. Je lui donnerai des fleurs.

Me	Moi, me…
You	Toi, vous, te…
Him/her/it	Elle, lui…
We	Nous
They	Eux, leur…

Comme pour les pronoms sujets, on ne fait pas de distinction entre le singulier et le pluriel à la deuxième personne – et toujours pas de tutoiement.

À la troisième personne du singulier, on distingue le féminin du masculin et du neutre. Au pluriel, **them** convient autant aux humains qu'aux animaux ou aux objets, au masculin comme au féminin.

Toujours au même endroit !

Les pronoms personnels compléments se placent toujours derrière le verbe, même si en français on peut parfois les placer devant.

- **I can see Angela. I can see her. I'll give her a present.**
  Je vois Angela. Je la vois. Je vais lui donner un cadeau.

Ceci reste obligatoire même quand le verbe a une particule adverbiale.

- **It's cold! Put on your coat. Put it on!**
  Il fait froid. Mets ton manteau. Mets-le !

Les pronoms personnels introduits par une préposition se placent, naturellement, après cette préposition.

- **Jimmy was wearing dirty socks with holes in them.**
  Jimmy portait des chaussettes sales avec des trous dedans.
- **It was a lovely cake with icing on it.**
  C'était un bon gâteau avec du glaçage dessus.

Les pronoms indéfinis

Le pronom one

Bien sûr, on connaît **One** comme adjectif numéral qui sert à compter, comme dans la chanson, **One, two, three little Indians**… Mais il peut aussi être un pronom : il peut reprendre un nom singulier non défini.

- **Do you want a donut? Yes, please, give me one.**
  Tu veux un beignet ? Oui, s'il te plaît, donne m'en un.

GROS PLAN

Avec *a* ou *the*

On peut vouloir reprendre un élément en le précisant avec un adjectif ou en le différenciant des autres. Mais un adjectif ne peut pas s'employer seul, on évitera alors la répétition en utilisant le pronom **one**.

I want a balloon. I really want one! I want a big one! I want the red one!
Je veux un ballon, j'en veux vraiment un ! J'en veux un gros, je veux le rouge !

Si on reprend un groupe d'éléments, on met **one** au pluriel en y ajoutant un **-s.**

These shoes are pretty, but I prefer the blue ones.
Ces chaussures sont jolies, mais je préfère les bleues.

One peut renvoyer à un groupe de gens dont l'identité est inconnue, ou n'a pas d'importance. On trouve souvent cela dans les proverbes.

- **One never knows.**
  On ne sait jamais.

Le pronom some

Pour reprendre un nom indénombrable ou plusieurs éléments tirés d'un ensemble (l'équivalent français de « en »), on utilise le quantifieur **some** (voir chapitre 3).

- **Would you like tea? I've just made some.**
  Vous voulez du thé ? Je viens d'en faire.
- **Would you like cookies? I've just made some.**
  Voulez-vous des cookies ? Je viens d'en faire.

Et « on » là-dedans ?

En français, le pronom indéfini le plus courant est le « on ». Il n'y a pas vraiment d'équivalent en anglais. On utilise le plus souvent une voix passive pour obtenir le même effet, ou **somebody/someone** (quelqu'un).

- **I was told you were here yesterday./Somebody told me you were here yesterday.**
  On m'a dit que tu étais ici hier./Quelqu'un m'a dit que tu étais ici hier.

Les pronoms réfléchis

Quels sont-ils ?

Ils sont faciles à repérer, car se finissent tous par **-self** au singulier et **-selves** au pluriel.

Myself	Moi-même
Yourself	Toi-même
Himself/herself/itself	Lui-même/elle-même
Ourselves	Nous-mêmes
Yourselves	Vous-mêmes
Themselves	Eux-mêmes/elles-mêmes

Ils indiquent que le sujet et le complément renvoient à une seule et même personne. Comme le dit la chanson…

- **And I say to myself it's a wonderful world!**
  Et je me dis que c'est un monde magnifique !

GROS PLAN

Il ne faut pas se tromper entre un pronom complément et un pronom réfléchi ! Si vous dites **I looked at myself**, nous comprenons que vous êtes devant un miroir. Si vous annoncez **I looked at me**, on comprend que vous avec un clone, ou que vous souffrez d'un dédoublement de la personnalité !!

Les pronoms réfléchis sont le seul cas où on différencie le **you** singulier, **yourself**, et le **you** pluriel, **yourselves**.

- **Help yourself./Help yourselves**.
  Sers-toi. Servez-vous. (Singulier)/Servez-vous. (Pluriel)

C'est moi qui l'ai fait !

Il n'y a pas de tournure impersonnelle en anglais qui correspondrait à l'expression française « c'est moi qui, c'est vous qui… ». En revanche, le pronom réfléchi permet de mettre le sujet ou le complément en relief.

- **I did it myself.**
  C'est moi qui l'ai fait.

L'utilisation de **by** + pronom réfléchi a le sens de « tout seul », comme dans la chanson de Carmen.

- **All by myself… Don't wanna live all by myself.**
  Toute seule… Je ne veux plus vivre toute seule.

Avec une préposition

On utilise couramment un pronom réfléchi après une préposition.

- **Tell me about yourself.**
  Parle-moi de toi.

Les pronoms réciproques

Quels sont-ils ?

Comme l'indique le mot « réciproque », ceci suppose au moins deux personnes qui interagissent. Les pronoms réciproques en anglais sont invariables.

Each other	L'un l'autre
One another	Les uns les autres

À quoi servent-ils ?

Ils marquent que l'action exprimée par le verbe est exercée par deux ou plusieurs sujets les uns sur les autres. Ils sont précédés d'un verbe au pluriel.

- **They are smiling at each other.**
  Ils se sourient. (Deux personnes)
- **They are smiling at one another.**
  Ils se sourient. (Plus de deux personnes)

Ne pas confondre :

- **John and Mary are looking at each other.**
  Ils se regardent. (L'un regarde l'autre et vice versa.)
- **John and Mary are looking at them.**
  Ils les regardent. (Ils regardent d'autres personnes.)
- **John and Mary are looking at themselves.**
  Ils se regardent. (Tous deux devant un miroir.)

Les verbes pronominaux français

Les verbes pronominaux à sens réfléchi

Les verbes pronominaux à sens réfléchi sont des verbes qui indiquent que l'on agit sur soi-même, comme « s'habiller » ou « se rappeler ». Il n'est pas rare qu'en anglais ces verbes se traduisent par un verbe simple, dont le sens implique déjà la notion de « réfléchi ».

- **I feel good.**
  Je me sens bien.

Les verbes les plus courants

dress	s'habiller
concentrate	se concentrer

wonder	se demander
relax	se détendre
wash	se laver
prepare	se préparer
remember	se rappeler
shave	se raser
wake up	se réveiller
feel	se sentir

Les verbes pronominaux à sens réciproque

Ce sont des verbes qui indiquent que deux personnes agissent « réciproquement », c'est-à-dire l'une sur l'autre. Comme « s'embrasser ». En anglais, le sens des verbes suffit souvent à marquer la réciprocité.

- **Jane and Mark married last month. They had met in January.**
  Sandy et Mark se sont mariés le mois dernier. Ils s'étaient rencontrés en janvier. (Le sens de **meet** et **marry** inclut la réciprocité.)

Les verbes les plus courants

kiss	s'embrasser
fight	se battre
marry	se marier
quarrel	se quereller
gather	se rassembler
meet	se rencontrer
part	se séparer

Chapitre 3

Déterminer un nom

Dans ce chapitre :

- Les articles… tu les connais, toi ?
- **Some** et **any** : une certaine quantité
- Je vous présente… les démonstratifs
- C'est à qui, celui-là ?

Un nom dans une phrase ne suffit pas. Bien sûr, le nom nous informe sur ce dont il est question, mais pour comprendre ce qui est dit, nous avons besoin de quelques informations supplémentaires : de combien d'éléments parle-t-on ? S'agit-il d'un élément particulier ou d'un élément qui représente tous les autres ? Cet élément est-il proche de nous ou éloigné ? S'agit-il d'un élément qui appartient à quelqu'un, ou pas ?… Diverses informations qui nous permettent de bien nous comprendre. De petits mots précèdent généralement les noms, qui nous donnent toutes les informations dont nous avons besoin. Ce sont les déterminants…

Les articles

Pour quoi faire ?

Bonne nouvelle ! En anglais, il n'y a pas de genre… Donc pas besoin de choisir entre masculin et féminin ! En revanche, on n'y coupera pas, on a besoin de connaître d'autres éléments… Comparez ces deux phrases :

- **A dog is barking./The dog is barking.**
  Un chien aboie./Le chien aboie.

Ce qui nous permet de savoir s'il nous faut intervenir pour faire taire le chien, c'est le petit mot qui précède le nom : s'agit-il d'un chien connu ou inconnu ?

Il y a deux articles en anglais **: a** et **the**. Mais nous verrons que l'absence d'article (que nous indiquerons dans ce chapitre avec **Ø**) a aussi un sens.

L'article indéfini a (an)

A (an) isole un élément indéterminé dans un ensemble. Il s'utilise donc devant un nom « comptable » (voir chapitre 1) au singulier – comme en français « un » ou « une ».

- **I've seen a big car in front of the teacher's house.**
  J'ai vu une grosse voiture devant la maison du prof.

GROS PLAN

Il y a quelques différences avec le français, cependant.

Quand on donne le métier de quelqu'un, on utilise l'article **a/an** devant le nom du métier.

- **She is a nurse. He is an electrician.**
  Elle est infirmière. Il est électricien.

Pour donner une définition entre virgules.

- **Schwarzenegger, a cinema star, is also a politician.**
  Schwarzenegger, acteur de cinéma, est aussi un homme politique.

Dans les expressions exclamatives.

- **What a man!**
  Quel homme !

GROS PLAN

A ou *an* ?

Essayez vous-même : prononcez ***a orange**. Vous avez compris ? Pour que la phrase « coule », on est obligé de permettre une liaison entre **a** et **orange**, l'article sera donc **an**.

On met **a** devant une consonne : **a man**, **a table**… et on met **an** devant une voyelle : **an exercise, an eye, an animal, etc.**

Can I have an apple – and a knife, please?
Puis-je avoir une pomme – et un couteau, s'il vous plaît ?

Mais attention, on parle bien du son voyelle, pas de l'orthographe ! La lettre < u >, par exemple, n'a pas toujours un son vocalique – dans ce cas, on la traite comme une consonne et on la fait précéder de **a** : **a university, a utility vehicle**.

Devant un mot commençant par < h > on utilise **a** si le son est expiré, **an** dans le cas contraire : **an hour** mais **a hotel.**

Le plus simple est de tester, et de choisir finalement la solution la plus simple à prononcer !

L'article défini, the

La forme

Encore une bonne nouvelle : pas de problème d'accord, puisque l'article **the** est le même pour le féminin, le masculin ou le neutre, pour le singulier et pour le pluriel.

- **The man, the girls and the dog were walking quietly.**
  L'homme, les filles et le chien marchaient tranquillement.

Quand l'employer ?

The renvoie à du « déjà connu ». Il implique que l'interlocuteur sache de quoi vous parlez. Comment le sait-il ?

La situation ne laisse pas de doute.

- **Shut the door, please.**
  Fermez la porte, s'il vous plaît. (On parle de la porte de la pièce dans laquelle on se trouve.)

- **The sun, the moon, the earth, etc.**
  Le soleil, la lune, la terre, etc. (Pas à se poser de question : il n'y a qu'un soleil, qu'une lune, tout le monde les connaît.)

Vous avez déjà mentionné l'objet ou la personne dans la phrase précédente ou plus tôt dans la conversation.

- **She's got two children: a girl and a boy. The girl is 8 and the boy is 14.**
  Elle a deux enfants : une fille et un garçon. La fille a 8 ans et le garçon 14.

Vous définissez cet objet, avec une relative ou avec un complément introduit par **of** ou **in**, pour bien l'identifier.

- **The apple I ate was rotten.**
  La pomme que j'ai mangée était pourrie. (Pas n'importe quelle pomme, mais celle que l'on a mangée.)

L'absence d'article (ou article Ø)

Quand l'employer ?

Ne pas mettre d'article n'est pas innocent. L'article **Ø** indique qu'il n'y a pas du tout de détermination. On parle d'éléments généraux, comptables au pluriel (on parle de n'importe lesquels ou de tous), ou que l'on ne peut pas compter (voir chapitre 1).

- **I like books, and I like music.**
  J'aime les livres et j'aime la musique.

Il n'est pas possible de toujours traduire les articles « le », « la » ou « les » par **the** en anglais. Quand ces articles renvoient à l'ensemble des éléments ou à une notion, on choisira de ne pas mettre d'article en anglais.

- **My children like ice-cream.**
  Mes enfants aiment la glace.

Les catégories de noms qui ne prennent pas d'article

Les noms abstraits

- **Science fiction is very popular.**
  La science-fiction est très populaire.

Les noms de matières ou matériaux

- **Steel is a very strong material.**
  L'acier est un matériau très solide.

Les noms de repas

- **Breakfast is served between 7 and 10.**
  Le petit déjeuner est servi entre 7 heures et 10 heures.

Les noms d'aliments et de boissons

- **Soda is not very healthy.**
  Le soda n'est pas très bon pour la santé.

Les noms de couleurs

- **Red is my favorite colour**
  Le rouge est la couleur que je préfère.

Les noms de langues

- **English is spoken in many countries.**
  L'anglais est parlé dans beaucoup de pays.

Les noms d'activités

- **I love football.**
  J'aime le football.

GROS PLAN

Il faut connaître ces expressions – dont beaucoup font référence à des institutions.

Aller à l'école	**Go to school**
Aller à l'hôpital	**Go to hospital**
Aller à l'église	**Go to church**

Aller à l'université	**Go to university**
Aller en justice	**Go to court**
Aller au lit	**Go to bed**

Et les noms propres dans tout ça ?

Et bien cela dépend !

Les noms de personnes

A priori, ils ne prennent pas d'article. De la même façon qu'en français vous ne parlerez pas de « la Marie », en anglais on ne met pas d'article devant le nom d'une personne, même s'il est précédé d'un titre.

Queen Elizabeth – Doctor Smith – Prince William
La reine Elizabeth – le docteur Smith – le prince William

Cependant, pour désigner une famille, on utilise l'article **the** et on met le nom propre au pluriel.

The Turners
Les Turner/la famille Turner

Les noms de pays, de lacs, de montagnes, de rues ou de places au singulier

Ils ne sont jamais précédés d'un article : **England – Africa – Mount Rushmore – Lake Michigan – Louisiana – Oxford Street – Picadilly Circus – Buckingham Palace**, etc.

- **France has a temperate climate.**
  La France a un climat tempéré.

Cependant, certains noms de pays au pluriel ou bien formés à partir de noms communs prennent l'article **the.**

- **The United States of America – The United Kingdom – The Netherlands**
  Les États-Unis – Le Royaume-Uni – La Hollande

Les noms de montagnes, de mers ou de fleuves au pluriel

Ils sont précédés de **the** : **the Alps – the Pacific Ocean – the Mediterranean – the Thames – the Hudson River**

Les quantifieurs

Pour quoi faire ?

On peut vouloir donner une indication de quantité. Des mots, utilisés à la place des articles, permettront de donner une estimation.

Some et **any**, qui sont des quantifieurs complètement indéfinis, ne donneront pas vraiment d'information sur la quantité. On constate simplement qu'il y a – ou qu'il n'y a pas – du pain, des côtelettes, etc. D'autres quantifieurs donneront des informations plus précises en indiquant qu'il y a beaucoup **(many/much)** ou peu (**few/little**) de quelque chose.

Some

Some indique que l'élément dont on parle existe réellement. Donc, on le rencontre naturellement dans des phrases affirmatives. On affirme qu'il y en a, mais on ne donne aucun indice sur le nombre ou la quantité.

- **I have bought some bread. Some people don't eat bread.**
  J'ai acheté du pain. Il y a des gens qui ne mangent pas de pain.

ATTENTION !

On peut parfois utiliser **some** dans des phrases interrogatives, en particulier pour offrir quelque chose ou quand on est sûr de la réponse positive : on sous-entend que la chose que l'on propose existe bel et bien.

- **Would you have some bread?**
  Auriez-vous du pain ? (Si vous êtes invité, vous vous doutez bien qu'il y en a.)

- **Would you like some coffee?**
  Voulez-vous du café ? (Je sous-entends que le café est prêt. Si j'utilisais **any**, je sous-entendrais qu'il n'est pas fait et que donc, quelque part, vous me casseriez les pieds à accepter !!)

Any

Any évite de se prononcer sur l'existence de quelque chose, il laisse la possibilité d'une quantité nulle – c'est-à-dire que la chose ou la personne n'existe peut-être pas. Donc on l'utilisera plutôt dans les énoncés interrogatifs et négatifs.

- **Do you have any questions? No, there aren't any questions.**
  Vous avez des questions ? Non. Il n'y a pas de questions.

On rencontre parfois **any** dans le sens de « n'importe quel ».

- **You can sit at any table.**
  Vous pouvez vous asseoir à n'importe quelle table.

GROS PLAN

Some et **any** ont des dérivés, pronoms ou adverbes, qui s'appliquent aux personnes, aux choses, aux lieux, aux moments et aux manières.

Someone/somebody	Quelqu'un
Anyone/anybody	N'importe qui
Something, anything	Quelque chose
Somewhere, anywhere	Quelque part, n'importe où
Anytime	Un jour, à un moment
Somehow, anyhow	De toutes façons

Les quantifieurs

On n'utilisera pas les mêmes quantifieurs selon que l'on parle d'éléments comptables ou non comptables (voir chapitre 1).

Dans le tableau ci-dessous :

les mots de la colonne du milieu peuvent s'appliquer à des éléments non comptables, donc que l'on met au singulier, comme **time**, **money**, **water** ;

Les mots de la colonne de droite peuvent s'appliquer à des éléments comptables, donc que l'on met au pluriel, comme **book**, **people**, **countries**.

Tableau 3-1 : Les quantifieurs

Français	*Devant des noms singuliers*	*Devant des noms pluriels*
tout le/toute la/tous les/toutes les	**all (the)/the whole**	**all (the)**
la plupart de/des	**most (of the)**	**most (of the)**
une grande quantité de	**plenty of/a great deal of**	**a large number of**
beaucoup de	**much/a lot of/lots of**	**many/a lot of/lots of**
assez de	**enough**	**enough**
plusieurs	-	**several**
un peu de	**a little**	**a few**
peu de	**little**	**few**
pas de/aucun(e)	**no/not any**	**no/not any**

La totalité : all, the whole

All et **the whole** ont un sens proche mais s'emploient différemment. **All** s'emploie indifféremment devant un singulier ou un pluriel tandis que **the whole** ne peut porter que sur un nom singulier et il insiste sur l'unité du tout.
Attention à la place de l'article **the** ou du possessif.

All the time. The whole time./All my life. My whole life.
Tout le temps./Toute ma vie.

Every : chaque

Every peut avoir un sens très proche de **all**. **All women** et **every woman** signifient à peu près la même chose : toutes les femmes. Mais il faut faire très attention car **every** a le sens de « chaque » et est suivi d'un verbe au singulier. Comparez :

- **I work every morning./I have worked all morning.**
  Je travaille tous les matins./J'ai travaillé toute la matinée.

On utilise couramment **every** devant les notions de temps.

- **I see her every day/every week.**
  Je la vois tous les jours/toutes les semaines.

GROS PLAN

Everybody (les personnes) et **everything** (les objets) désignent la totalité. Ils sont suivis d'un verbe au singulier.

- **Everybody knows that. Everything was fine.**
  Tout le monde sait cela. Tout allait très bien.

Beaucoup de : much, many et a lot of

On utilise **much** devant un nom singulier et **many** devant un nom pluriel, en général dans les questions et les phrases négatives.

- **We didn't have much time.**
  Nous n'avons pas eu beaucoup de temps.
- **Does she really have many friends?**
  Est-ce qu'elle a vraiment beaucoup d'amis ?

Mais on préfère généralement employer **a lot of** ou **lots of** – un peu plus familiers – surtout dans les phrases affirmatives.

- **I've got a lot of work to do.**
  J'ai beaucoup de travail à faire.

Une petite quantité : (a) few et (a) little

Choisissez **little** (peu de) et **a little** (un peu de) devant un nom singulier. Choisissez **few** (peu de) et **a few** (un peu de) devant un nom pluriel.

- **There's a little coffee left. Do you want some?**
  Il reste un peu de café. En voulez-vous ?
- **There was very little fresh water on board the submarine.**
  Il y avait très peu d'eau potable à bord du sous-marin.

Dans la langue courante, on emploie plus volontiers **not much** et **not many**.

- **We didn't have much time.**
  Nous n'avons pas eu beaucoup de temps.

Une quantité nulle : no

Pas vraiment de problème avec **no**, puisqu'il peut précéder un nom singulier ou un nom pluriel.

- **I have no idea.**
  Je n'ai aucune idée.

Deux négations équivalent à une affirmation. Si on utilise **no** dans une phrase, le verbe doit donc être à la forme affirmative.

- **I wrote to him but got no reply.**
  Je lui ai écrit mais je n'ai pas eu de réponse. (Une négation en français, un verbe affirmatif en anglais.)

No entre dans la composition de pronoms ou adverbes qui se comportent comme **no** : jamais d'autre négation dans la phrase.

No one ou **nobody** pour les personnes.

- **Nobody knows where he is.**
  Personne ne sait où il est.

Nothing (rien) pour les choses.

- **I have nothing to lose.**
  Je n'ai rien à perdre.

Nowhere (nulle part) pour les lieux.

- **He was nowhere to be found.**
  On ne l'a trouvé nulle part.

Celui-ci, celui-là… et ceux-là ?

Les démonstratifs : this, that, these, those

On peut choisir de présenter un élément en le pointant, et on utilisera alors un adjectif démonstratif :

this et **that** présentent un nom singulier ;

these et **those** présentent un nom pluriel.

- **Please, give me this magazine and these books, please.**
  S'il vous plaît, donnez-moi ce magazine et ces livres.

GROS PLAN

This ou that ?

Tout dépend de la distance de ce qu'on présente par rapport à la personne qui parle. **This** et **these** marquent la proximité, **that** et **those** l'éloignement.

Cette distance peut-être physique :

- **This jacket is mine; and that one is David's.**
  Cette veste-ci est à moi ; et celle-là est à David.

Elle peut-être dans le temps :

- **I'll go and see her this week./ That week was cold.**
  J'irai la voir cette semaine./ Cette semaine-là fut froide.

Elle peut être affective (en fonction de nos goûts) :

- **This boy is my best friend. I hate that girl. She is an idiot.**
  Ce garçon est mon meilleur ami. Je hais cette fille. C'est une idiote.

Ils peuvent être pronoms, aussi

This/these et **that/those** peuvent être des pronoms, et éviter une répétition en reprenant des éléments.

- **I really like these, but I think Dina will prefer those.**
  J'aime vraiment celles-ci mais je pense que Dina préférera celles-là.

CHEZ NOS VOISINS

Ici Pam ! Je te présente Peter et Sandra !

This et **that** s'utilisent pour prendre contact au téléphone.

- **Hello, this is Pam speaking. Is that Marian?**
  Allo, Pam à l'appareil. C'est Marian ?

On peut également utiliser **this**, pronom, pour présenter une ou plusieurs personnes présentes.

- **This is my friend Peter and his girlfriend Sandra.**
  Voici mon ami Peter et sa copine Sandra.

Les possessifs

C'est à qui ?

Encore une façon de préciser de quoi on parle : les adjectifs possessifs indiquent à qui appartient l'élément dont on parle.

mon, ma, mes	**my**
ton, ta, tes	**your**
son, sa, ses	**his, her, its**
notre, nos	**our**
votre, vos	**your**
leur, leurs	**their**

En anglais, ils sont invariables. On ne s'occupe que du possesseur, on ne s'occupe pas de savoir si l'élément est masculin ou féminin, ou si c'est un singulier ou un pluriel.

- **My parents, my sister, my brother.**
  Mes parents, ma sœur, mon frère.

GROS PLAN

La seule difficulté, avec les adjectifs possessifs, c'est de faire le bon choix à la troisième personne du singulier (**his, her, its**), car l'accord se fait non pas avec l'objet possédé comme en français, mais avec le possesseur.

Si le possesseur est féminin, on emploie **her**, s'il est masculin, on emploie **his** et s'il est neutre, on emploie **its**.

- **I don't like her voice.**
  Je n'aime pas sa voix. (Je parle d'une fille. Je dirais **his voice** si je parlais d'un garçon.)

Soyons vigilants

Il y a quelques différences de point de vue entre le français et l'anglais.

Les parties du corps, vêtements, etc.

> **He was walking with his hands in his pocket.**
> Il marchait les mains dans les poches. (Les Anglais utilisent un possessif devant les parties du corps, les vêtements ou objets portés.)

Quand le pronom est indéfini (on ne peut pas choisir entre féminin et masculin, et on ne sait pas à combien de personnes on parle), on préférera **their**, qui évite les choix difficiles.

> **Has everybody got their bags?**
> Tout le monde a son sac ?

Les pronoms possessifs : le mien, le tien, le sien...

Ils évitent la répétition d'un nom déjà cité. Attention, en français on met l'article « le » devant ces pronoms – rien en anglais.

> **I like my car but I don't like yours.**
> J'aime bien ma voiture mais je n'aime pas la tienne.

le mien, la mienne, les miens, les miennes	**mine**
le tien, la tienne, les tiens, les tiennes	**yours**
le sien, la sienne, les siens, les siennes	**his, hers, its**
le nôtre, la nôtre, les nôtres	**ours**
le vôtre, la vôtre, les vôtres	**yours**
le leur, la leur, les leurs	**theirs**

Là encore, on choisit entre **his**, **hers** ou **its** en fonction du genre du possesseur.

- **Jack and Jill have similar car. His is white and hers is grey.**
  Jack et Jill ont des voitures semblables. Mais celle de Jack est blanche et celle de Jill est grise. (Pratique ! Pas besoin de répéter les prénoms puisque **his** renvoie à Jack et **hers** renvoie à Jill.

CHEZ NOS VOISINS

Veuillez agréer, Madame...

Les formules de politesse dans les lettres formelles en français sont souvent bien alambiquées... En anglais, comme dans beaucoup de cas, on est plus simple !

Yours entre dans quantité d'expressions simples qui, toutes, correspondent plus ou moins à « Sincèrement vous ».

Sincerely yours/Yours faithfully/Truly yours, etc.

Chapitre 4

Des chiffres et des nombres

Dans ce chapitre :

- Pour tout compter : les nombres cardinaux
- Pour tout classer : les nombres ordinaux
- Donner la date : à l'oral et à l'écrit
- Donner l'heure
- Parler du temps chronologique

Dans ce chapitre, nous reverrons les nombres – comment les écrire, comment les prononcer et comment les agencer. Puis nous parlerons des dates. Et, bien sûr, il ne faudra pas oublier de savoir dire l'heure. Les anglophones ont parfois de bien drôles de manières…

Pas de doute, il faut que vous deveniez des pros du chiffre !

Pour tout compter : les nombres cardinaux

Nous commençons par les nombres cardinaux : ceux qui nous permettent de compter et de quantifier (comme 1, 2 ou 28).

Le zéro

Nought (en américain **zero**). Il se lit comme la lettre « o » dans les numéros de téléphone, de bus et de chambre d'hôtel.

Les nombres de 1 à 10

Ces mots-là sont à la base de tout le système !

1 **one**
2 **two**
3 **three**
4 **four**
5 **five**
6 **six**
7 **seven**
8 **eight**
9 **nine**
10 **ten**

CHEZ NOS VOISINS

Le 1 et le 7 : ils ne les écrivent pas comme nous

Il y a parfois de quoi se tromper ! Si vous recevez une lettre manuscrite avec des chiffres, faites bien attention.

Les Anglais ne mettent pas de barre à leur 7 – qu'ils écrivent comme dans l'imprimerie ou sur l'ordinateur.

Ils écrivent le 1 comme un simple bâton, sans le petit crochet que nous mettons pour commencer le chiffre.

Les nombres de 11 à 19

On retrouve les racines des nombres de 1 à 10 – avec une terminaison **-teen** qui vous rappelle quelque chose ! C'est le chiffre des dizaines (**ten**). À l'oral, on accentue la terminaison.

11 **eleven**
12 **twelve**
13 **thirteen**

14 **fourteen**

15 **fifteen**

16 **sixteen**

17 **seventeen**

18 **eighteen**

19 **nineteen**

Les dizaines

On retrouve ici aussi les racines des nombres de 1 à 10, avec une terminaison **-ty** qui vous rappelle à nouveau quelque chose – c'est le chiffre **ten** sous une autre forme. Elle n'est pas accentuée à l'oral. Vous devez donc accentuer fortement la première syllabe.

20 **twenty**

30 **thirty**

40 **forty**

50 **fifty**

60 **sixty**

70 **seventy**

80 **eighty**

90 **ninety**

Les nombres de 21 à 99

Vous pouvez composer n'importe quel nombre de 1 à 99 ! Mettez simplement le chiffre des dizaines puis celui des unités.

21 **twenty-one**

32 **thirty-two**

43 **forty-three**

54 **fifty-four**

65 **sixty-five**

76 **seventy-six**

87 **eighty-seven**

98 **ninety-eight**

On met toujours un tiret entre les dizaines et les unités.

24 **twenty-four**

67 **sixty-seven**

89 **eighty-nine**

Les centaines, les milliers et millions

À la différence du français, on ne les utilise pas tous seuls. On met devant **a** ou **one**. Et pour multiplier ces nombres, on ajoute simplement devant le chiffre que l'on choisit.

100	**one hundred**
200	**two hundred**
1,000	**one thousand**
4,000	**four thousand**
1,000,000	**one million**
10,000,000	**ten million**

Les mots **hundred**, **thousand**, **million**, **billion** ne prennent jamais de **-s** quand ils sont adjectifs numéraux, c'est-à-dire quand ils font partie d'un nombre.

- **Two hundred pounds. Three million people.**
  Deux cents livres. Trois millions de gens.

Mais quand ces mots sont des noms (une dizaine, des centaines…), ils prennent un **-s** au pluriel, comme tous les noms.

- **It costs hundreds of pounds.**
  Ça coûte des centaines de livres.

Les nombres à trois, quatre chiffres... ou plus

Vous pouvez maintenant combiner les nombres pour faire face à toutes les situations.

254	**two hundred and fifty-four**
1,375	**one thousand, three hundred and seventy-five**

ASTUCE

En anglais, il faut mettre une virgule là où nous mettons un point – et vice versa, bien sûr.
1.254 = **1,254 : one thousand, two hundred and fifty-four**

Et n'oubliez pas *and* !

On met **and** entre les centaines et les dizaines. Notez que les Américains ne le mettent pas. Et puis, n'oubliez pas le trait d'union entre les dizaines et les unités.

Les nombres décimaux

Ils sont bizarres ces Anglais ! Ils mettent un point là où nous mettons une virgule. Et ce point se prononce quand on lit le nombre à haute voix. Le zéro ne se prononce pas dans les nombres décimaux.

1.52	**one point fifty-two**
47.7	**forty-seven point seven**
0,7	**point seven**

Pour tout classer : les nombres ordinaux

Les nombres cardinaux servent à classer les objets ou les personnes, comme « le premier, le troisième, le cinquantième, etc. ». Comme en français, ils sont normalement précédés d'un article (**the**).

En règle générale, on accole au nombre cardinal la terminaison **-th**. Ceci entraîne certaines modifications dans l'orthographe. On les écrit ainsi en abrégé : **4th**, **5th**, **6th**, etc.

Exceptions : 1er, **first**, 2e, **second**, et 3e, **third** (ainsi que tous les nombres se terminant pas ces chiffres).
On les écrit ainsi en abrégé : **1st**, **2nd**, **3rd**.

Du premier au dix-neuvième

premier	**first**
second	**second**
troisième	**third**
quatrième	**fourth**
cinquième	**fifth**
sixième	**sixth**
septième	**seventh**
huitième	**eighth**
neuvième	**ninth**
dixième	**tenth**
onzième	**eleventh**
douzième	**twelfth**
treizième	**thirteenth**
quatorzième	**fourteenth**
quinzième	**fifteenth**
seizième	**sixteenth**
dix-septième	**seventeenth**
dix-huitième	**eighteenth**
dix-neuvième	**nineteenth**

Les autres nombres ordinaux

Pour les dizaines (nombres terminés par **-ty**), on remplace la terminaison **-ty** par **-tieth**.

Pour les centaines, milliers, etc., on ajoute simplement **-th**.

Pour les nombres composés, on ajuste la terminaison du dernier terme.

The 40th	**The fortieth**
The 90th	**The ninetieth**
The 100th	**The hundredth**
The 65th	**The sixty-fifth**

CHEZ NOS VOISINS

Les rois et les reines

On utilise les nombres ordinaux pour les rois et les reines – ce qui paraît assez logique puisqu'il y a bien un « premier » et un « second » Henry.

Henry II se lit **Henry the second**.

Les fractions

Comme en français, on utilise les nombres ordinaux – avec leur terminaison. Et on leur ajoute un **-s** quand ils sont au pluriel.

2/10 = 20 %	**two tenths equals twenty per cent.**

Il y a deux exceptions !

1/2	**one half**
3/4	**three quarters**

Tout sur les dates

Il faut commencer par le commencement… connaître le nom des jours et des mois.

La semaine

En français, on commence toujours par le lundi que l'on considère comme le premier jour de la semaine… En anglais, on commence par le dimanche !

Dimanche	**Sunday**
Lundi	**Monday**
Mardi	**Tuesday**
Mercredi	**Wednesday**
Jeudi	**Thursday**
Vendredi	**Friday**
Samedi	**Saturday**

Pour indiquer le jour de votre rendez-vous, pensez à mettre **on** devant le nom du jour (comme devant toutes les dates).

- **I'll come on Monday.**
  Je viendrai lundi.

Si vous parlez de ce que vous faites tous les lundis – ou tous les samedis, ou tous les mardis… –, utilisez **on** et le nom du jour au pluriel.

- **I don't go to school on Saturdays.**
  Je ne vais pas à l'école le samedi.

L'année

Les noms de mois

Pas très difficile ! Ils ressemblent beaucoup au français.

Janvier	**January**

Février	**February**
Mars	**March**
Avril	**April**
Mai	**May**
Juin	**June**
Juillet	**July**
Août	**August**
Septembre	**September**
Octobre	**October**
Novembre	**November**
Décembre	**December**

En anglais, on met toujours une majuscule aux noms de mois, comme aux noms de jours.

- **Today is Monday.**
  Nous sommes lundi.
- **We are in June.**
  Nous sommes en juin.
- **There are twelve months in a year.**
  Il y a douze mois dans une année.
- **There are four terms in a year.**
  Il y a quatre trimestres dans une année.
- **There are four seasons: winter, spring, summer and autumn (UK), fall (US)**
  Il y a quatre saisons : l'hiver, le printemps, l'été et l'automne.

Dire et écrire les dates

- **What day is it today?**
  Quel jour sommes-nous ?

Ils sont vraiment compliqués ces Anglais ! Ils ont plusieurs façons d'écrire la date et encore d'autres pour la dire.

Prenons un exemple, celle de l'indépendance américaine, le 4 juillet 1776 : **July 4, 1776/July, 1776 / July 4th, 1776/4th July, 1776.**

On a vraiment le choix – mais quand on dit cette date, on dit **the fourth of July seventeen seventy-six**.

ASTUCE

Quand vous devez remplir des formalités à l'entrée des pays anglophones, vous aurez souvent besoin d'indiquer les dates uniquement avec des chiffres. Sachez qu'on les met dans l'ordre mois/jour et non jour/mois comme on le fait en français. Attention, car cela peut créer des confusions.

Ainsi, on parle de la date du 11 septembre en disant 9/11.

- **I was born on 5/3.**
  Je suis né le 3/5.

Quelques expressions bien utiles

bientôt	**soon**
après	**after**
il y a deux jours	**two days ago**
il y a longtemps	**a long time ago**
puis	**then**
le jour où	**the day when**
immédiatement	**immediately**
pendant que	**while**
récemment	**lately/recently**
plus tard	**later**
tôt ou tard	**sooner or later**
jusqu'à maintenant	**up to now**
la semaine prochaine	**next week**

Quelle heure est-il ?

Comme tout le monde, vous regardez l'heure plusieurs fois par jour. Et vous avez tout le temps besoin de pouvoir en parler.

- **What time is it?**
  Quelle heure est-il ?
- **Can you tell me the time, please?**
  Pouvez-vous me donner l'heure, s'il vous plaît ?
- **What time is the next bus?**
  À quelle heure est le prochain bus ?

Dire l'heure

Chez nous, on commence par donner l'heure puis on parle des minutes pour préciser. Les Anglais font le contraire. Ils vous parlent d'abord des minutes avant ou après l'heure puis vous donnent l'heure qu'il est.

Il est 3 heures.	**It's three o'clock.**
Il est 3 heures 5.	**It's five past three.**
Il est 3 heures 10.	**It's ten past three.**
Il est 3 heures et quart.	**It's a quarter past three.**
Il est 3 heures 20.	**It's twenty past three.**
Il est 3 heures et demie.	**It's half past three.**
Il est 4 heures moins 20.	**It's twenty to four.**
Il est 4 heures moins le quart.	**It's a quarter to four.**
Il est 4 heures moins 10.	**It's ten to four.**
Il est 4 heures moins 3.	**It's three minutes to four.**
Il est presque 4 heures.	**It's nearly four o'clock.**
Il est 4 heures.	**It's four o'clock.**

CHEZ NOS VOISINS

Le temps militaire ?

Aux États-Unis comme en Grande-Bretagne, on distingue les heures du matin en ajoutant **a.m.** (pour l'expression latine, *ante meridiem*) de celles de l'après-midi en ajoutant **p.m.** (pour l'expression latine, *post meridiem*).

- **It's 2 p.m.**
  Il est 14 heures.

Seuls les militaires ont traditionnellement le système européen d'une horloge de 1 à 24, c'est pourquoi on appelle ce système **military time** (qui est souvent employé dans les horaires des cars, trains, avions).

Quelques expressions bien utiles

une seconde	**a second**
une minute	**a minute**
une heure	**an hour**
une demi-heure	**half an hour**
un quart d'heure	**a quarter of an hour**
dans une heure	**in an hour**
jusqu'à dix heures	**until ten o'clock**
avant neuf heures	**before nine a.m.**
après dix-neuf heures	**after seven p.m.**
à environ deux heures	**at about two o'clock**
le matin	**in the morning (a.m.)**
l'après-midi	**in the afternoon (p.m.)**
le soir	**in the evening**
il y a une heure	**one hour ago**
tôt	**early**
tard	**late**

Chapitre 5

Les adjectifs

Dans ce chapitre :

- À quoi servent-ils ?
- Où les placer ?
- Plus que lui…
- Plus que tous les autres !

Bien entendu, on peut se contenter de donner des informations brutes. New York est une ville. Personne ne peut vous contredire là-dessus, mais on n'est pas très avancé, car on ne sait vraiment pas grand-chose de New York avec cette phrase.

Ajouter des adjectifs permet d'enrichir une phrase, d'une part en donnant davantage d'informations, mais aussi en donnant des informations sur les sentiments de celui qui s'exprime. En effet, si je dis « New York est une jolie ville », ce n'est pas la même chose que si je dis que « New York est une ville magnifique. » Le choix d'un adjectif n'est jamais innocent, surtout quand on s'en sert pour faire des comparaisons !

Décrire avec des adjectifs

Accorder un adjectif ? Trop facile !

En anglais, c'est bien simple, un adjectif est in-va-ria-ble ! Pas besoin de se demander si on parle d'un masculin, d'un féminin, d'un singulier ou d'un pluriel, le mot ne bouge pas.

- **His tie is blue and his socks are blue too.**
  Sa cravate est bleue et ses chaussettes sont bleues aussi.

Tous derrière et lui devant

Les adjectifs épithètes

Une seule règle à retenir : en anglais, les adjectifs se placent directement devant le nom qu'ils qualifient. C'est quand même plus simple qu'en français, où les adjectifs se placent tantôt avant, tantôt après le nom, sans que l'on sache bien pourquoi !

- **It's the long and complicated story of a poor little rich girl.**
  C'est l'histoire longue et compliquée d'une pauvre petite fille riche.

ATTENTION !

Certains adjectifs se placent parfois après le nom : **available** (disponible), **concerned** (concerné), **involved**, (impliqué), **possible** (possible), etc.

- **All the people available are here.**
  Tous les gens disponibles sont ici.

Les adjectifs numéraux cardinaux se placent après le nom pour numéroter des pages, des chapitres, etc.

- **Open your book at page 6 and read paragraph 3.**
  Ouvrez vos livres page 6 et lisez le paragraphe 3.

Les adjectifs attributs

Comme en français, les adjectifs attributs sont séparés du nom ou du pronom qu'ils précisent ou décrivent par un verbe d'état comme **be** (être), **look** (avoir l'air), **feel** (se sentir), **remain** (rester), etc. Ils sont séparés par une virgule et le dernier est précédé de **and**.

- **This young man is dynamic, patient and creative.**
  Ce jeune homme est dynamique, patient et créatif.

Dans quel ordre ?

On place au plus loin du nom, c'est-à-dire en premier, les adjectifs qui expriment une appréciation ou une opinion ; puis, dans l'ordre, en se rapprochant du nom, ce qui lui est le plus attaché : la taille, le poids, l'âge, la forme, la couleur, la nationalité, et la matière.

- **A horrible, pink plastic vase.**
  Un horrible vase rose en plastique.

Quelques exemples d'adjectifs par catégorie :

Opinion	nice *(joli)*, funny *(drôle)*, lovely *(adorable)*
Taille, poids	big *(gros)*, small *(petit)*, heavy *(lourd)*
Âge	old *(vieux)*, new *(neuf)*, young *(jeune)*
Forme	round *(rond)*, square *(carré)*
Couleur	green *(vert)*, red *(rouge)*
Nationalité	Italian *(italien)*, English *(anglais)*
Matière	wooden *(en bois)*, golden *(doré)*

Et avec des compléments

Certains adjectifs ont un complément introduit par une préposition. Difficile de savoir quelle préposition utiliser, car il y a souvent des différences avec le français. Une seule solution : le dictionnaire.

- **It's very kind of you. He is very kind to his sister.**
  Merci. C'est très gentil à vous. Il est très gentil avec sa sœur.

Quelques exemples :

- **angry about/with** (en colère à propos de/contre)
- **pleased/satisfied with** (content/satisfait de)

- **surprised/shocked/amazed/astonished at/by** (surpris/choqué/stupéfait/étonné par)
- **afraid/scared of** (apeuré/effrayé par)
- **proud/ashamed of** (fier de/(avoir) honte de)
- **good/bad/excellent/hopeless at** (bon/mauvais/excellent/nul en)
- **sorry about** (désolé de)
- **interested in** (intéressé par)
- **(be) fond of** (aimer)
- **(be) keen on** (avoir envie de)
- **different from** (différent de)
- **responsible for** (responsable de)

ASTUCE

Le complément peut être un nom ou un pronom comme dans les exemples ci-dessus, ou bien un verbe auquel on ajoute la terminaison -**ing** pour le transformer en nom.

- Je suis désolé d'être en retard.
  I am sorry for being late.

Les participes employés comme adjectifs

Tout comme en français, on peut utiliser le participe passé ou le participe présent d'un verbe pour en faire un adjectif.

ATTENTION !

Il faut bien distinguer les deux formes : V-**ed** a un sens passif tandis que V-**ing** a un sens actif.

- **The book was so fascinating. I was fascinated.**
  Le livre était tellement passionnant. J'ai été passionné(e).

Les adjectifs composés

On peut composer un adjectif en lui associant un nom, un verbe ou un adverbe. Comme dans le cas des noms composés, c'est le dernier élément qui est l'élément principal, le premier servant à le compléter. Donc, on traduit en commençant par la fin !

- **It is a densely-populated area.**
  C'est une zone peuplée de manière dense.

Un nom entrant dans la composition d'un adjectif ne prend pas la marque du pluriel.

- **He has a five-year-old little boy.**
  Il a un petit garçon de cinq ans.

Avec un nom

On peut combiner l'adjectif avec un nom auquel on ajoute une terminaison **-ed.**

- **She was a white-haired old lady.**
  C'était une vieille dame aux cheveux blancs. (En français, on est obligé de modifier la phrase.)

Quelques exemples

avoir du sang-froid	**be cold-blooded**
avoir bon cœur	**be kind-hearted**
être démodé	**be old-fashioned**
avoir l'esprit ouvert	**be open-minded**
aux cheveux blonds	**fair-haired**
bien élevé	**well-behaved**
borgne	**one-eyed**
très coloré	**brightly-coloured**

Avec un verbe

On peut combiner l'adjectif avec un verbe auquel on ajoute une terminaison **-ing**.

Quelques exemples

sans fin	**never-ending**
beau	**good-looking**
résistant	**hard-wearing**
durable	**long-lasting**
qui fait gagner du temps	**time-saving**
qui facilite le travail	**labour-saving**
anglophone	**English-speaking**

Des adjectifs utilisés comme des noms

En français, on transforme volontiers les adjectifs en noms. On parle de « gens riches » mais on peut aussi dire « les riches », « des riches » ou même « un riche ».

En anglais, les règles sont beaucoup plus strictes :

On peut utiliser un adjectif comme nom mais, dans ce cas, on désigne nécessairement l'ensemble de la catégorie : tous les riches, tous les pauvres, tous les handicapés…

Comme un adjectif est invariable, on ne peut pas lui ajouter **-s,** mais le verbe se met au pluriel.

Ils sont toujours précédés de l'article **the** (puisqu'ils désignent toute la catégorie).

- **In this city, the rich live in the South; the poor live in the North.**
  Dans cette ville, les riches vivent au sud, les pauvres au nord.

ASTUCE

Quand on parle d'un groupe ou d'une personne, on doit ajouter à l'adjectif : **man, woman, person, people, one(s)**, etc.

- **Some handicapped people have specially designed cars.** Certains handicapés ont une voiture spécialement aménagée.

Les adjectifs de nationalité

D'abord, les adjectifs de nationalité prennent toujours une majuscule en anglais. Ensuite, en fonction de leur terminaison, les adjectifs de nationalité employés comme noms ne se comportent pas de la même façon.

S'ils se terminent par **-sh** ou **-ch**, comme **French**, **British**, **English**, **Dutch** (hollandais), etc., ils se comportent comme les adjectifs employés comme noms (voir plus haut).

Les Anglais (= tous les Anglais).	**The English**
Certains Anglais	**Some English people**
Un Anglais	**An Englishman**
Une Anglaise	**An Englishwoman**

S'ils se terminent par **-ese,** comme **Chinese**, **Japanese**, **Portuguese**, **Vietnamese**, ils sont à la fois adjectifs et noms. Attention cependant, ils ne prennent jamais de **-s** au pluriel.

- **Some rich Chinese travel to Europe.**
  Certains Chinois riches voyagent en Europe.

GROS PLAN

Certains adjectifs sont différents des noms

Écossais/un Écossais	**Scottish/a Scot/a Scotsman**
Espagnol/un Espagnol	**Spanish/a Spaniard**
Polonais/un Polonais	**Polish/a Pole**
Turc/un Turc	**Turkish/a Turk**

Et quand on parle de la langue ?

Les adjectifs employés comme noms pour désigner une langue ne prennent pas d'article mais ont toujours une majuscule.

I find Japanese difficult.
Je trouve que le japonais est difficile.

Attention à ne pas confondre la langue et les gens qui la parlent.

I like the English but I don't like English.
J'aime les Anglais, mais je n'aime pas l'anglais.

S'ils se terminent par **-an**, les plus nombreux, ils sont semblables aux noms de nationalité qui leur correspondent.

Australien/un Australien	**Australian/an Australian**
Américain/un Américain	**American/an American**
Allemand/un Allemand	**German/a German**
Italien/un Italien	**Italian/an Italian**

Les comparatifs

Adjectif court ou adjectif long ?

On exprime la comparaison de façon différente selon que l'adjectif est « long » ou « court »… pas toujours simple de savoir à quelle catégorie appartient tel ou tel adjectif…

Une syllabe. Facile, ils sont tous « courts » : **quick** (rapide).

Trois ou quatre syllabes. Facile, ils sont tous « longs » : **comfortable** (confortable).

Deux syllabes… Aïe. Ça se complique !
S'ils se terminent par **-y, -ow, -le** ou **-er**, ils sont considérés comme courts : **easy** (facile), **narrow** (étroit), **noble** (noble), **clever** (malin).

S'ils se terminent par **-ful, -re, -ing, -d** ou **-less,** ils sont considérés comme long : **painful** (pénible), **boring** (ennuyeux), **sacred** (sacré), **hopeless** (désespéré).

Le comparatif d'égalité

Quand on compare deux éléments entre eux, on peut constater qu'ils sont équivalents. Pas de problème – pas besoin de savoir si l'adjectif est long ou court. On utilise **as** + adjectif + **as**.

- **Jack is as intelligent as Jill.**
  Jack est aussi intelligent que Jill.

Si on constate qu'il n'y a pas équivalence, on utilisera logiquement **not as** + adjectif + **as** (ou **not so** + adjectif + **as**).

- **Ann is not as tall as her brother.**
  Ann n'est pas aussi grande que son frère.

Pour insister sur la similitude, on peut utiliser l'expression **the same** (adjectif) **as.**

- **Your car is the same color as mine.**
  Votre voiture est de la même couleur que la mienne.

Le comparatif de supériorité

Le comparatif de supériorité, comme son nom l'indique, établit la supériorité d'un élément par rapport à un autre.

Si l'adjectif est court, on ajoute la terminaison **-er.**

short → shorter (court/plus court)
long → longer (long/plus long)
cold → colder (froid/plus froid)

- **It's colder in Scotland than in London.**
  Il fait plus froid en Écosse qu'à Londres.

La terminaison **-y** devient **-ier.**
La terminaison **-e** devient **-er.**
La terminaison voyelle + consonne devient voyelle + consonne doublée + **-er.**

dry → drier	sec → plus sec
nice → nicer	agréable → plus agréable
thin → thinner	mince → plus mince
big → bigger	gros → plus gros

Si l'adjectif est long, on forme le comparatif en ajoutant ***more*** devant l'adjectif.

interesting → more interesting
comfortable → more comfortable

- **Why is this car more expensive than that one?**
  Pourquoi cette voiture est-elle plus chère que celle-là ?

GROS PLAN

Ces deux-là ne suivent pas la règle commune :
good/well → **better** (bon/bien → meilleur/mieux)
bad → **worse** (mauvais → pire)

Ces adjectifs se trouvent souvent dans des composés.
well-known (bien connu) → **better known** (mieux connu)

Les adverbes qui modifient le comparatif

On peut moduler la comparaison : **a little** (un peu), **much** (beaucoup), **slighltly** (légèrement).

- **I think your idea is much better that John's.**
  Je pense que ton idée est bien meilleure que celle de John.

De plus en plus…, de moins en moins…

Avec des adjectifs courts, on marque l'accroissement avec adjectif + **-er and** adjectif + **-er**

- **This is a bigger and bigger issue.**
  C'est un problème de plus en plus important.

Figure 5-1 : **More and more forests are being cleared.**

Avec des adjectifs longs, on le marquera avec **more and more** + adjectif

- **The exercises are more and more difficult.**
  Les exercices sont de plus en plus difficiles.

Le comparatif d'infériorité

Il n'est pas très employé en anglais. On préfère utiliser les comparatifs d'égalité à la forme négative : « il n'est pas aussi… que ». Mais il existe, il faut savoir le reconnaître. L'avantage est qu'on ne se pose pas la question de la longueur de l'adjectif. Dans tous les cas, on utilisera **less** + adjectif + **than.**

- **This book is less interesting than the one I read yesterday.**
  Ce livre est moins intéressant que celui que j'ai lu hier.

Le superlatif de supériorité

Comparer un élément à tous les autres ! C'est à cela que sert le superlatif. Il correspond en français à l'expression « le plus… ».

- **You are the nicest little girl in the world!**
  Tu es la plus jolie petite fille du monde !

Encore une question de longueur

Comme pour le comparatif, la forme du superlatif dépend de la longueur de l'adjectif ou de l'adverbe.

Si l'adjectif est court, on utilise **the** adjectif -**est** : **short** → **the shortest** (court → le plus court)

ATTENTION !

La terminaison **-y** de l'adjectif devient **-iest**.
La terminaison **-e** de l'adjectif devient **-est**.
La terminaison voyelle + consonne de l'adjectif devient voyelle + consonne doublée + **-est.**

dry → **the driest**	sec → le plus sec
nice → **the nicest**	agréable → le plus agréable

thin → the thinnest	mince → le plus mince
big → the biggest	gros → le plus gros

Si l'adjectif est long, on forme le superlatif en ajoutant **the most** devant l'adjectif.

- **This is the most interesting teacher I have ever had.**
  C'est le prof le plus intéressant que j'aie jamais eu.

Il n'y a pas de raison ! Si certains adjectifs ont une forme irrégulière au comparatif, elle sera aussi irrégulière au superlatif !

good → the best	bon → le meilleur
bad → the worst	mauvais → le pire

Ces adjectifs se trouvent souvent dans des composés : **well-known → the best-known** (le plus connu)

Le complément du superlatif

Pour introduire les éléments auxquels on compare un élément, on utilisera **of, in** ou une relative.

In est utilisé pour introduire un lieu, un groupe de personnes ou une période de temps.

- **I think this is the best restaurant in the city.**
  Je pense que c'est le meilleur restaurant de la ville.

Of est utilisé dans tous les autres cas, particulièrement dans les contextes abstraits.

- **The most interesting aspect of the question.**
  L'aspect le plus intéressant de la question.

On peut également identifier l'ensemble par une proposition relative introduite par **that** ou ∅ (voir chapitre 17).

- **It was the most terrifying thing that happened to me.**
  Ce fut la chose la plus terrifiante qui me soit arrivée.

Chapitre 6

Génitif et noms composés

Dans ce chapitre :

- Le génitif
- Relier deux noms avec une préposition
- Accoler des noms pour faire des noms composés

Quand on a bien compris ce qu'était un nom, comment on pouvait y ajouter des informations avec un déterminant ou un adjectif, on croit avoir fait le tour de la question… Eh bien, pas du tout ! Les anglophones, qui ont pourtant une langue déjà très riche (plus de 200 000 mots !) ont trouvé une façon bien pratique de l'enrichir encore en combinant les mots entre eux…

En combinant les noms, soit directement soit en utilisant une préposition, on peut établir des liens de possession entre eux, ou en préciser la matière, la nature. On peut préciser la destination d'un objet, le métier ou le rôle d'une personne… Pratique, non ?

Le génitif

Comment ça marche ?

Facile ! Juste deux noms et une petite marque **'s** ou – encore plus discret – juste une apostrophe.

Une règle quand même : parmi ces deux noms, le premier doit désigner un ou des êtres humains ; c'est le « possesseur ».

Si le possesseur est un nom singulier (ou un pluriel irrégulier), on lui accole la marque **'s**.

- **My sister's room. The children's room.**
  La chambre de ma sœur. La chambre des enfants.

Si le possesseur est un pluriel déjà terminé par **-s**, ce sera encore plus discret : juste une apostrophe.

- **My parents' home.**
  La maison de mes parents.

Pour quoi faire ?

Pour marquer la possession : le deuxième élément appartient au premier.

- **My sister's computer is red.**
  L'ordinateur de ma sœur est rouge.

Pour marquer la parenté.

- **My friends' children.**
  Les enfants de mes amis.

Seulement des humains ?

En général oui, en tout cas des êtres animés au sens large : personnes, groupes humains (**city, school, nation**, etc.), animaux familiers. Pour marquer qu'un élément fait partie d'un objet (il ne s'agit donc pas véritablement de possession), on choisit plutôt une relation exprimée par **of**.

- **The legs of the table.**
  Les pieds de la table.

GROS PLAN

De façon moins courante, on peut aussi utiliser le génitif pour indiquer d'autres informations. Dans ce cas, le premier élément n'est pas forcément un être animé.

L'origine ou la source

- **Shakespeare's plays**
  Les pièces de Shakespeare

Une classification

- **a month's salary, women's clothes**
  le salaire d'un mois, des vêtements de femme

Une distance

- **a two miles' walk**
  une marche de deux miles

Un temps

- **Yesterday's paper, next year's election.**
  Le journal d'hier, les élections de l'an prochain

Beaucoup d'exceptions

En anglais américain, la distinction a tendance à s'estomper. On trouve souvent des génitifs avec des objets inanimés.

- **The train's departure was delayed.**
  Le départ du train a été retardé.

Le maximum d'informations avec le moins de mots possible !

Il est possible de donner des précisions sur le « possesseur », en le faisant précéder d'un article, d'un possessif, d'un démonstratif, etc. En d'autres termes, d'un déterminant !

- **The new headmaster's office.**
  Le bureau du nouveau directeur.

On peut aussi donner une précision avec un adjectif – bien entendu toujours placé immédiatement avant le nom qu'il qualifie. Comparez :

- **My teacher's old car./My old teacher's car.**
  La vieille voiture de mon prof./La voiture de mon vieux prof.

ATTENTION !

On ne peut déterminer que le possesseur avec un article, jamais l'objet possédé (pas la peine, le génitif donne déjà suffisamment de précision).

Pour parler de la copine de Mary, on ne dira pas ~~**the Mary's friend**~~, ni encore ~~**Mary's the friend**~~, mais tout simplement **Mary's friend.**

Le génitif incomplet

Il peut arriver qu'on ne mentionne pas le deuxième élément d'un génitif, soit pour éviter une répétition, soit parce que cet élément est tout à fait évident.

- **I like Kevin's sister, but I don't like John's.**
  J'aime bien la sœur de Kévin, mais je n'aime pas celle de John.
- **This house is my uncle's.**
  Cette maison est à mon oncle.
- **I'll go to the doctor's tomorrow.**
  J'irai chez le médecin demain. (Le mot **surgery** est sous-entendu, mais il est tellement évident qu'on ne le mentionne pas.)

On omet souvent les noms de lieux quand ils sont évidents :

magasin	**shop**
maison	**house**
cathédrale	**cathedral**
école	**school**

université	**college**
hôpital	**hospital**
cabinet	**surgery**

Lier avec une préposition

Of, la plus courante

Of permet de mettre deux mots en relation. Il se traduit généralement par « de, du, le la, d' ».

- **The solution of the problem**
  La solution du problème
- **A group of children**
  Un groupe d'enfants

On peut trouver d'autres traductions : **from** (qui indique la provenance), **by** (qui indique l'auteur), ou même **in**.

- **An excerpt from a play by Shakespeare**
  Un extrait d'une pièce de Shakespeare
- **The train from London**
  Le train de Londres
- **The man in the street**
  L'homme de la rue

Les noms composés

Composés de quoi ?

Bien évidemment, un « nom composé » est composé de plusieurs éléments – bien souvent deux noms, mais il peut y avoir d'autres cas.

Dans tous les cas, le nom principal (celui dont on parle) est placé en dernière position. Et devant lui, on pourra trouver un autre nom, un verbe, un adjectif, une préposition, etc. – des éléments qui précisent le nom principal.

Nom + nom	**toothpaste** (brosse à dents)
Verbe **-ing** + nom	**swimming costume** (maillot de bain pour les filles)
Préposition + nom	**underground** (souterrain, métro)
Nom + verbe	**haircut** (coupe de cheveux)
Adjectif + verbe	**dry-cleaning** (nettoyage à sec)
Verbe + particule	**checkout** (caisse enregistreuse)

C'est donc le dernier mot de la liste qui est le plus important – et qu'on mentionne en premier en français.

Les mots juxtaposés : c'est le cas le plus courant, on se contente de donner les mots les uns derrière les autres (n'oubliez pas de commencer par la fin pour traduire !).

- **post office – television set – flat screen TV**
  bureau de poste – poste de télévision – télévision à écran plat

Les mots accolés : ce sont des mots tellement passés dans le langage courant qu'ils ne font plus qu'un. Et, pour les traduire, là encore, on commence toujours par la fin.

- **shoolteacher – classroom**
  professeur d'école – salle de classe

Les mots reliés par un tiret.

- **English-speaking people – A one-week vacation.**
  Les anglophones – Des vacances d'une semaine.

Pour quoi faire ?

Avec ces combinaisons, on peut indiquer divers types de relations : identité, lieu, matière, usage, fonction, cause, etc.

Prenons un exemple : si nous parlons de chaussures, nous pourrons parler de :

- **Tennis shoes, sports shoes, leather shoes, women's shoes, indoor shoes, etc.**
  Chaussures de tennis, de sport, de cuir, de femme, d'intérieur, etc.

On fait la différence entre le contenant, pour lequel le nom composé est la bonne traduction et le contenu pour lequel on choisit la structure avec **of**.

- **A tea cup/A cup of tea**
  Une tasse à thé/Une tasse de thé

Économisons nos mots

Il est même possible de combiner plus de deux noms ! Cela se trouve par exemple dans les titres de journaux, où on doit dire le maximum de choses avec le moins de mots possible.

Heureusement, même quand il y a trois noms – ou quatre – on s'y reconnaît à condition de toujours respecter la même règle : traduire en commençant par la fin et remonter.

The city protection plan
Le plan de protection de la ville

San Francisco county police officers
Les officiers de police du comté de San Francisco

Combiner au pluriel

Bien entendu, le mot principal (le dernier, donc) peut se mettre au pluriel comme n'importe quel nom. En revanche, le premier, qui se comporte comme un adjectif, est invariable.

- **A shoe shop/Shoe shops**
  Un magasin de chaussures/Des magasins de chaussures

Quelques mots gardent le **-s** du pluriel, par exemple **sports** (sports), **clothes** (vêtements), **savings** (économies).

- **A sports car**
  Une voiture de sport

Quand on utilise les mots **man** ou **woman** pour signaler le genre masculin ou féminin, on met les deux mots au pluriel.

- **A woman doctor/Women doctors**
  Une femme médecin/Des femmes médecins

De plus en plus fort, ajoutons quelques adjectifs

Tout dépend de ce que l'on veut qualifier.

Si c'est le mot principal, l'adjectif se met devant tout le groupe.

- **I bought some nice leather soccer shoes.**
  J'ai acheté des belles chaussures de foot en cuir.
- **Young San Francisco county police officers.**
  De jeunes officiers de police du comté de San Francisco.

Si c'est un autre élément que l'on veut qualifier, on le place immédiatement devant le mot qu'il qualifie. Souvent, pour éviter les confusions, on met un tiret.

- **An old-furniture salesman/An old furniture salesman**
  Un vendeur de vieux meubles/Un vieux vendeur de meubles

À l'oral

Le plus souvent, on accentue le premier élément d'un nom composé – et non le mot principal –, car c'est lui qui distingue la personne ou l'objet dans sa particularité.

Par exemple, dans la catégorie des **brushes** (brosses), on oppose **tootbrush** (une brosse à dents) à **hairbrush** (une brosse à cheveux). C'est donc le premier mot qui est accentué.

Deuxième partie

Les verbes

Dans cette partie...

Arrêtons-nous un instant sur le verbe et rendons-lui hommage... le verbe accomplit une tâche énorme dans le langage. Sans lui, rien ne serait possible. D'abord, il indique l'action (ou l'état, bien entendu, on n'est pas toujours obligé d'agir !) dont il est question. Et puis il donne une quantité d'indications sur cette action (ou cet état, vous l'avez compris !) : combien de personnes sont concernées, quand/où elle a lieu, si elle a réellement lieu ou s'il s'agit d'un rêve. Il vous indique s'il s'agit d'une affirmation, d'une question, d'une négation ou même d'un ordre. Il va même jusqu'à vous donner des indices sur le degré de probabilité de l'action ou sur l'humeur de celui qui parle ! Oui, le verbe mérite bien qu'on lui consacre une partie entière !

Chapitre 7

Les ordres et les consignes

Dans ce chapitre :

- Donner des ordres ou des consignes
- Interdire
- Allons-y

Parler une langue, c'est d'abord communiquer ! Et communiquer, c'est interagir avec d'autres personnes. Toute la journée, nous donnons des ordres ou des consignes à notre entourage : « Tournez à droite ! », « Passe-moi le ballon ! », « Ne t'en fais pas ! », etc.

Savoir formuler ce genre d'énoncé est une des premières choses à apprendre quand on apprend l'anglais – et en plus, c'est facile !

Donner des ordres ou des consignes

L'impératif

L'impératif, c'est tout simple. Prenez juste la base verbale (c'est-à-dire le verbe à sa forme nue, tel qu'on le trouve dans les dictionnaires). Vous pouvez lui ajouter des compléments.

- **Be good. Leave me alone!**
  Sois gentil. Laisse-moi tranquille !
- **Take a piece of cake.**
  Prenez un morceau de gâteau.

On ne fait pas de différence :

– entre le singulier et le pluriel ; donc vous utilisez la même forme pour parler à une personne ou à plusieurs.

- **Come in, children. Come in too, John!**
  Entrez, les enfants. Entre aussi, John !

– entre le « tu » et le « vous » ; donc vous utilisez la même forme pour parler à un copain ou au professeur.

- **Wait a minute.**
  Attends une minute./Attendez une minute.

Toi, tu fais ça ! Fais donc cela !

En français, on utilisera souvent une forme d'insistance en doublant le pronom. Cela n'est pas possible en anglais. On a recours à d'autres façons d'insister.

On accentue le pronom à l'oral. À l'écrit, on le souligne.

- **No, I won't tell him. You tell him!**
  Non, je ne lui dirai rien. C'est toi qui lui dis !

On ajoute **will you?** à la fin de la phrase (c'est un **question tag** – voir plus bas).

- **Be good, will you?**
  Sois sage, d'accord ?

On ajoute **do** devant la forme nue du verbe, en particulier pour répéter un ordre déjà donné – et cela exprime une forme d'agacement – ou pour faire une invitation – et cela exprime un empressement particulier.

- **Do be nice with your sister!**
  Veux-tu bien être gentil avec ta sœur ! (Je te l'ai déjà dit !)
- **Do come and visit us as soon as possible.**
  Venez donc nous voir dès que possible. (Nous serions ravis.)

Que faire avec les verbes à particule ?

De nombreux verbes très courants prennent leur sens grâce à la particule qui les accompagne. Par exemple, **take** signifie « prendre » mais **take off** signifie « enlever » (un vêtement).

À l'impératif, ces verbes gardent leur particule.

- **Sit up!**
  Tiens-toi droit sur ton siège !

Lorsque le complément est un nom, il vient après la particule. S'il est un pronom, il se place avant.

- **Take off your coat. Take it off !**
  Enlève ton manteau. Enlève-le !

Interdire

Fais pas ci, fais pas ça !

Facile ! On se contente d'ajouter **do not/don't** devant le verbe. Rappelons que **not** ne peut pas vivre seul, c'est pourquoi on fait appel à l'auxiliaire **do**.

- **Look but don't touch!**
  Regardez mais ne touchez pas !

Be se comporte comme tous les autres verbes dans un énoncé à l'impératif négatif.

- **Don't be stupid!**
  Ne sois pas idiot !

Ne fais jamais ça !

L'anglais n'admet pas de double négation (« ne » + « jamais »). L'adverbe **never** (jamais) ayant un sens négatif, on le fait donc suivre d'un impératif positif.

- **Never forget to lock the front door!**
  N'oublie jamais de fermer la porte d'entrée à clé.

Allons-y !

Nous avons vu comment donner un ordre à une ou des personnes (« Allez-y ! »). Mais parfois, nous voulons donner un ordre ou une consigne valable pour nous-même aussi bien que pour les autres (« Allons-y ! »). En anglais, on emploie ***let's*** + verbe (le **'s** est l'abréviation de **us**).

- **Let's go in! Let's speak English now**!
  Entrons ! Parlons anglais maintenant !

Chapitre 8

Le Présent

Dans ce chapitre :

- *Be* et *have* au présent
- Le présent simple
- Le présent **be** + V-**ing**

Au départ, tout semble assez simple : on choisit le présent quand on veut parler de ce qui se passe aujourd'hui, par opposition à ce qui se passait hier ou à ce qui se passera demain. C'est clair, non ?

Oui, mais non ! Justement, ce n'est pas si simple ! Les Anglais, quand ils choisissent une forme verbale pour parler du présent, nous donnent parfois bien d'autres informations qu'un simple positionnement dans le temps.

Ils font la différence entre un présent qui ne change jamais et un présent que je vois, qui se déroule là, devant moi. Et au cas où cela ne serait pas suffisant, le présent sert aussi parfois à ajouter un commentaire, à faire des sous-entendus… qu'il faut savoir décrypter !

Be et have au présent

Sous prétexte qu'ils peuvent être à la fois verbes lexicaux (avec leur propre signification) et auxiliaires (ils servent à construire d'autres formes verbales), ces deux-là se permettent de ne pas se comporter comme les autres et ont leur propre conjugaison. Pas moyen d'y échapper, ils sont indispensables, et il faut les apprendre par cœur.

Tableau 8-1 : Conjugaison de be et have

BE	***HAVE***
I am Je suis	**I have** J'ai
You are Tu es	**You have** Tu as
He / she / it is Il / elle est	**He has** Il a
We are Nous sommes	**We have** Nous avons
You are Vous êtes	**You have** Vous avez
They are Ils / elles sont	**They have** Ils /elles ont

À RETENIR

On distingue le genre du sujet : **he** pour le masculin (homme ou garçon), **she** pour le féminin (femme ou fille), et **it** pour le sujet neutre (tout ce qui n'est pas humain). (Voir le chapitre 2)

Le présent simple

À la forme affirmative

Au moins, là, c'est simple (comme son nom l'indique). Pas besoin en anglais d'apprendre de longues listes de conjugaisons compliquées. Le présent simple se forme tout simplement en utilisant la base verbale (c'est-à-dire le verbe à sa forme nue, tel qu'on le trouve dans les dictionnaires) à toutes les personnes. SAUF (ben oui, il faut quand même un peu de variété !) à la troisième personne du singulier, qui exige son fameux **-s**.

- **I go to high school in London.**
  Je vais au lycée à Londres.
- **My best friend lives in Limerick. We live in Oxford.**
  Ma meilleure amie vit à Limerick. Nous habitons à Oxford.

GROS PLAN

Questions de terminaison !

Quand un verbe se termine par une consonne suivie de **-y**, il se termine par **-ies** à la troisième personne du singulier.

He always cries at the end of this movie.
Il pleure toujours à la fin de ce film.

Évitons les postillons !

Certains verbes se terminent par un son auquel il serait très difficile d'ajouter encore une consonne sifflante (essayez par exemple d'ajouter un **-s** aux verbes **wish**, **relax** ou **judge** !) ou se terminent déjà par le son [s] ou [z] à la fin desquels le fameux **-s** de la troisième personne ne s'entendrait pas.

Que faire ? Tout simplement faire précéder ce **-s** de la voyelle [e]. Cela rendra les choses beaucoup plus faciles.

He watches a lot of horror movies.
Il regarde beaucoup de films d'horreur.

She possesses nothing.
Elle ne possède rien.

Et à la forme négative ?

Comme toujours en anglais, si on veut faire une forme négative on est obligé d'utiliser un auxiliaire avant **not**. Au présent simple, on utilise l'auxiliaire **do**.

- **I don't know.**
  Je ne sais pas.

À la troisième personne du singulier (qui, comme d'habitude, ne fait pas comme les autres), on utilise **does**. Mais dans ce cas, le verbe en profite pour se débarrasser du son **-s**. Puisque l'auxiliaire s'en charge, pourquoi s'encombrer, hein ? La plupart du temps – à l'oral en particulier –, on contracte la négation en la collant à l'auxiliaire.

- **He doesn't like you.**
  Il ne t'aime pas.

Si on ne sait pas, on pose une question

Là encore, on utilise les auxiliaires **do** ou **does** pour former des questions. On met l'auxiliaire devant le sujet – éventuellement précédé d'un pronom interrogatif pour les questions ouvertes.

- **Where do you live?**
  Où habitez-vous ?

- **Does she speak English?**
  Est-ce qu'elle parle anglais ?

Comme à la forme négative, si on utilise l'auxiliaire **does,** on ne remet pas de **-s** au verbe qui, alors, reprend sa forme nue.

- **Does she read a lot?**
  Est-ce qu'elle lit beaucoup ?

- **She reads a lot but she does not read detective stories.**
  Elle lit beaucoup mais elle ne lit pas de romans policiers.

GROS PLAN

Alors qu'aux formes négative et interrogative **have**, quand il est verbe lexical, accepte de rentrer dans le rang et de faire appel à **do**, **be** se débrouille tout seul pour porter la négation et passer devant le sujet à la forme interrogative.

- **Do you have a blue pen? No, I don't have a blue pen.**
  As-tu un stylo bleu ? Non, je n'ai pas de stylo bleu.

- **He is not in his bedroom. Is he in the kitchen?**
  Il n'est pas dans sa chambre. Est-il dans la cuisine ?

Le présent simple, pour quoi faire ?

On l'utilise pour parler de vérités générales, valables aussi bien jadis qu'aujourd'hui ou demain, et sur lesquelles on n'a pas de commentaire particulier à faire. On constate, simplement.

- **The Earth revolves around the Sun.**
  La terre tourne autour du soleil.
- **The Wilsons live in Canada.**
  Les Wilson vivent au Canada.

Le présent simple est aussi utilisé pour rapporter des événements de façon neutre, lors du commentaire d'un match de football à la télévision, par exemple, ou dans les didascalies (les petites phrases qui expliquent les circonstances) d'une pièce de théâtre. Celui qui parle s'efface alors totalement.

Wayne Rooney runs, shoots and… misses the goal!
Wayne Rooney court, tire et… rate le but !

JANE – Oh my god, you have broken the vase, Peter! (*Peter breaks into tears and Jane exits.*)
Jane – Oh mon dieu, Peter, tu as cassé le vase ! (Peter fond en larmes et Jane sort.)

Le présent be + V-ing

Former le présent *be* + *V-ing*

Comme son nom l'indique, conjuguer un verbe au présent **be + V-ing** consiste à utiliser l'auxiliaire **be** au présent et à ajouter la terminaison **-ing** à la base verbale (le verbe nu).

Comme on a l'auxiliaire **be** dans la forme verbale, former des phrases interrogatives ou négatives est un jeu d'enfant. C'est lui qui passe devant le sujet pour poser des questions, et qui précède **not** pour marquer la négation.

- **Are they watching that silly movie again?**
  Ils regardent encore ce film idiot ?
- **She is not reading, she is sleeping.**
  Elle ne lit pas, elle dort.

ASTUCE

En anglais, contrairement à ce que font la plupart des Français, la terminaison **-ing** n'est jamais accentuée. On n'entend pas le <g> final, à peine peut-on percevoir un très léger <n'>.

On lira : **She is singing** (*elle chante*), et on entendra < **She's singin'** >.

Je le dis comme je le vois

Le présent **be** + V-**ing** permet à celui qui parle de décrire ce qu'il voit (ou ce qu'il entend !) au moment où il parle. Un peu comme s'il plantait un décor, dans une sorte d'arrêt sur image. Il vous raconte l'action.

- **Shhh! Be quiet, please, I am watching television!**
  Chut. Taisez-vous, s'il vous plaît, je regarde la télévision !
- **Well, they are sleeping right now.**
  Eh bien, pour l'instant ils dorment.
- **Oh no! It's raining again…**
  Oh non ! Il pleut encore.

Je le dis aussi comme je le pense

Avec la forme **be** +V-**ing**, celui qui parle peut aussi donner l'impression de ralentir une action, et donc ainsi la mettre en valeur, insister dessus. On comprend alors qu'il sous-entend un commentaire, qu'il porte un jugement.

- **He is talking again.**
Il parle encore. (Je ralentis l'action pour faire comprendre que j'en ai vraiment marre.)
- **He's always repeating the same thing.**
Il répète toujours la même chose. (En français, on aurait même tendance à dire « Il passe son temps à répéter la même chose », pour bien indiquer qu'on en a assez. On ne se contente pas de constater un fait, on donne un avis dessus.)

Et parfois, on n'a pas le choix !

Les verbes d'état ou de possession

Puisqu'ils expriment un état, et non une action, les verbes indiquant un état ou une possession n'ont ni début ni fin et ne peuvent donc être interrompus pour faire un arrêt sur image. Ils sont ainsi toujours utilisés au présent simple.

Quelques verbes d'état

appartenir à	**belong**
avoir	**have**
devenir	**become**
être	**be**
exister	**exist**
posséder	**own**
paraître	**look**
posséder	**possess**
rester	**remain**
sembler	**seem**

Les verbes de perception

Les verbes de perception aussi s'utilisent le plus souvent soit au présent simple, soit avec le modal **can**, quand ils expriment une perception involontaire (physique, intellectuelle ou affective).

- **Uum, it smells good!**
  Hum, ça sent bon !
- **I can't see you, but you sound strange!**
  Je ne te vois pas, mais tu as une drôle de voix !

Quelques verbes de perception

entendre	**hear**
goûter	**taste**
sentir	**feel**
sentir	**smell**
sonner	**sound**
voir	**see**

Les verbes d'opinion et d'émotion

Les verbes d'opinion et d'émotion expriment ce que l'on ressent. Difficile d'imaginer que l'on puisse les utiliser pour faire un arrêt sur image. Ils sont donc très rarement utilisés au présent **be V-ing.**

- **I don't believe you.**
  Je ne te crois pas.
- **Do you want some coke?**
  Tu veux du coca ?
- **I wish you a merry Christmas.**
  Je te souhaite un joyeux Noël.
- **You don't understand, do you?**
  Tu ne comprends pas, hein ?

Quelques verbes exprimant l'opinion ou l'émotion

adorer	**love**
aimer	**like**
avoir besoin de	**need**
comprendre	**understand**
craindre	**fear**
croire	**believe**
détester	**hate**
envier	**envy**
imaginer	**imagine**
ne pas aimer	**dislike**
oublier	**forget**
penser	**think**
savoir	**know**
se souvenir	**remember**
signifier	**mean**
souhaiter	**wish**
vouloir	**want**

GROS PLAN

Certains de ces verbes peuvent tout de même se mettre à la forme **be** + V-**ing**, mais ils changent de sens : ils décrivent une action et ne sont plus des verbes d'état. Par exemple :

– **look** peut signifier « avoir l'air » (verbe d'état) ou, s'il est accompagné de la préposition **at**, « regarder » (verbe d'action) ;

– **think** peut signifier « penser » (verbe d'opinion) ou « réfléchir » (verbe d'action).

- **He looks strange.**
  Il a l'air bizarre.

- **He is looking at me strangely.**
  Il me regarde bizarrement.

Récapitulons !

Le présent simple :

- Il s'utilise pour parler de vérités générales, d'habitudes et de caractéristiques du sujet.
- Il se construit tout simplement avec la base verbale, il ne faut simplement pas oublier le **-s** de la 3e personne du singulier.
- Pour construire les formes affirmatives, on utilisera les auxiliaires **do** ou **does**.

Le présent be + V-ing

- Il permet de décrire une action en cours, comme si on faisait un arrêt sur image.
- Pour le construire, on conjugue l'auxiliaire **be** au présent (**am/is/are**) et on ajoute -**ing** au verbe.

On n'a pas toujours le choix.

Les verbes d'état, de possession, de perception, d'opinion ou d'émotion ne s'utiliseront généralement qu'avec un présent simple.

Chapitre 9

Le passé

Dans ce chapitre :

- Le prétérit simple pour raconter le passé.
- Le prétérit **be** + **V-ing** pour décrire le passé
- Le **past perfect** : plus passé que le passé ?

Être jeune, c'est d'abord vivre intensément le moment présent. Mais il faut parfois aussi savoir se tourner vers le passé. On peut alors décider soit de rompre complètement avec lui, de faire autrement, différemment, soit au contraire d'en tirer des leçons et de regarder ses conséquences sur le présent.

Et c'est ce choix que font les anglophones quand ils choisissent entre le prétérit que nous allons essayer de mieux comprendre, et le *present perfect* que nous traiterons au chapitre suivant.

Parfois, pour comprendre le passé, nous serons obligés de regarder encore plus loin, dans le passé du passé ! On peut remonter loin comme ça ! Mais c'est comme ça que le présent prendra tout son sens.

Le prétérit simple

Comment le construire ?

Rien de plus facile ! Une seule forme pour toutes les personnes. Pas de conjugaison compliquée à retenir : il suffit d'ajouter la terminaison **-ed** à la base verbale.

I like, he likes, we like → I liked, he liked, we liked
J'aime, il aime, nous aimons → J'aimais, il aimait, nous aimions

À l'écrit, le fait d'ajouter **-ed** implique parfois certaines modifications de l'orthographe de la base verbale.

On double la consonne finale du verbe s'il se termine par une syllabe accentuée constituée par une seule voyelle + consonne :

I stop → I stopped	**I plan → I planned**
J'arrête → j'arrêtais	Je projette → je projetais

On transforme le **-y** final en **-i** s'il est précédé d'une consonne.

You cry → you cried	**They hurry → they hurried**
Tu pleures → tu pleurais	Ils se dépêchent → Ils se dépêchaient.

Et à l'oral ?

Les Français ont tendance à prononcer la terminaison **-ed** comme dans « aide », mais dans la réalité, les Anglais ne la prononcent jamais comme cela. Ils la prononcent de trois façons différentes en fonction du son final de la base verbale. Il s'agit de pouvoir prononcer facilement, sans être obligé de trop postillonner !

Le plus souvent, on prononce la terminaison en ajoutant tout simplement le son /d/ à la base verbale.

lived	**arrived**	**enjoyed**	**played**
vivait	arrivait	appréciait	jouait

Elle se prononce /t/ si le verbe se termine par les sons /p/, /k/, /f/, /s/.

asked	**watched**	**wash**	**crossed**
demandait	regardait	lavait	traversait

Elle se prononce /ɪd/ après les sons /d/ et /t/

added	**decided**	**started**	**consisted**
ajoutait	décidait	commençait	consistait

Peu importe l'orthographe, c'est bien le son final du verbe qui détermine la prononciation de **-ed**, et pas la lettre finale. Par exemple, le verbe **mix** (mélanger) se termine par le son /s/ et se prononcera donc [mikst], et non pas [miksid] comme on serait tenté de le faire.

Les verbes irréguliers

Comme le veut la tradition, une règle ne peut exister sans exception… Et en ce qui concerne le prétérit, ces exceptions, ce n'est pas un petit morceau, il y en a près de 300 en anglais ! Tout le monde en a entendu parler, et on ne peut pas y échapper, car elles concernent des verbes qu'on utilise très souvent en anglais… Pas le choix, malheureusement, il faut les apprendre par cœur, et en général on les apprend toujours dans le même ordre : l'infinitif, le prétérit, le participe passé et la traduction (voir page 379).

run, ran, run,	courir
know, knew, known,	savoir
think, thought, thought,	penser
fall, fell, fallen,	tomber

Be peut être auxiliaire – on s'en sert pour construire les formes en V-**ing** – ou verbe lexical. Comme il a une double fonction, il se sent autorisé à avoir, contrairement aux autres, deux formes différentes. Presque une conjugaison à lui tout seul !!

I was J'ai été /j'étais /je fus	**We were** Nous avons été/étions/fûmes
You were Tu as été/tu étais/tu fus	**You were** Vous avez été/étiez/fûtes
He/she/it was Il/elle a été/était/fut	**They were** Ils/elles ont été/étaient/furent

Heureusement, il y a did !

Pour construire les formes affirmatives et interrogatives en anglais, on est obligé d'utiliser un auxiliaire, qui passe devant le sujet pour montrer une question, ou qui supporte la négation. Mais avec une forme simple comme le prétérit, comment trouver un auxiliaire ? Pas de problème, on a la solution : quelle que soit la forme, quelle que soit la personne, **did** vient à la rescousse ! Et comme il est là pour faire le travail, le verbe en profite discrètement pour reprendre sa forme normale…

- **Where did you live? Did you live in Southampton? No, we didn't live there; we lived in France with my parents.** Où habitiez-vous ? Habitiez-vous à Southampton ? Non, nous n'habitions pas là ; nous habitions en France avec mes parents.

Did est également bien pratique pour répondre simplement et de façon courte à une question.

- **Did you sleep well? Yes, I did, but Ben didn't.** Vous avez bien dormi ? Moi oui, mais pas Ben !

De la même façon, on utilise l'auxiliaire **did** pour réagir à une phrase au prétérit, pour marquer l'intérêt, la surprise ou l'incrédulité. On utilisera **did** + pronom pour réagir à une phrase affirmative, et **didn't** + pronom pour réagir à une phrase négative.

- **Sammy invited me to the cinema. – Did he?** Sammy m'a invitée au cinéma. – Ah, vraiment ?

Le prétérit pour quoi faire ?

On utilise le prétérit pour indiquer qu'une action est passée, qu'elle n'a plus rien à voir avec le présent. Elle s'est passée, mais c'est terminé, voilà. Aujourd'hui est un autre jour, on est passé à autre chose !

- **I got a bad mark to my math exam.**
  J'ai eu une mauvaise note à mon devoir de maths.

On trouve dans la phrase ou dans le contexte un élément qui situe l'action dans le passé : un adverbe, un complément circonstanciel, une proposition temporelle, etc.

- **I saw our French teacher yesterday. He was at the gym.**
  J'ai vu notre prof de français hier. Il était au gymnase.
- **Last week she called me.**
  La semaine dernière, elle m'a appelé.

Dire qu'on est passé à autre chose n'indique pas forcément qu'on parle d'un événement très ancien ! De la même façon, cela n'a rien à voir avec la durée de l'événement.

- **Men took ten centuries to build this cathedral and this morning an earthquake destroyed it in two minutes.**
  Les hommes ont mis dix siècles à construire cette cathédrale et un tremblement de terre l'a détruite en deux minutes.

On voit bien que la durée des deux événements est différente, que l'un est fort éloigné et l'autre très proche ! On indique simplement qu'on s'intéresse uniquement à des moments passés, on ne s'occupe pas du présent.

Des expressions qui indiquent que l'on utilisera le prétérit.

Last week	La semaine dernière
Last year	L'année dernière
Last Tuesday	Jeudi dernier
Yesterday	Hier
Two days ago	Il y a deux jours
The day when...	Le jour où…
In 2010	En 2010
When I was 8	Quand j'avais 8 ans

Parfois le contexte est tellement évident qu'il est inutile de le préciser, on sait qu'il s'agit du passé.

- **So, how was the film?**
  Alors, comment était ce film ?
- **Where were you born?**
  Où es-tu né ?

GROS PLAN

Le prétérit sert à indiquer que les actions que vous rapportez se sont succédées dans le temps, les unes après les autres. Peu importe que ces actions soient vraies ou imaginaires !

- **They arrived at 9, spent 10 minutes in the shop, spent £10,000 and left in a black limousine.**
  Ils sont arrivés à 9 heures, ont passé 10 minutes dans le magasin, ont dépensé 10 000 livres et sont repartis dans une grande limousine noire.

On compare avec le français ?

Quand il parle du passé, le Français a le choix entre trois temps grammaticaux: l'imparfait, pour décrire des événements du passé ou marquer des habitudes, le passé simple, surtout utilisé à l'écrit pour marquer la soudaineté d'un événement, ou le passé composé, le plus courant. On peut utiliser le prétérit dans ces trois cas. C'est le contexte qui permet de déterminer les nuances.

- **He saw her in her white car.**
  Il la vit dans sa voiture blanche. (À l'écrit, pour marquer la soudaineté dans le récit.)
  Il la voyait dans sa voiture blanche. (On parle d'une habitude.)
  Il l'a vue dans sa voiture blanche. (La forme la plus utilisée.)

Used to

La structure **used to** + **V** n'a pas vraiment d'équivalent en français. D'ailleurs on ne la traduit pas. Les anglophones s'en servent pour ajouter une petite précision sur l'action : non seulement elle se situe dans un passé révolu, mais en plus on insiste sur le fait qu'aujourd'hui les choses sont différentes.

- **He was happy.**
  Il était heureux. (Cela était vrai dans le passé, au moment dont on parle. On ne s'occupe pas de son humeur aujourd'hui.)

- **He used to be happy.**
  Il était heureux. (On sait en plus que cela n'est plus vrai aujourd'hui.)

ATTENTION !

Il ne faut pas confondre la structure **used to** + **V** utilisée pour marquer une rupture avec le présent, avec la structure **be used to** + **V-ing** qui indique une habitude.

- **He used to do the washing-up every evening.**
  Il faisait la vaisselle tous les soirs.
  (En français, on aura probablement tendance à préciser « jadis », pour bien faire comprendre qu'il ne la fait plus aujourd'hui.)

- **He was used to doing the washing-up in the evening.**
  Il avait l'habitude de faire la vaisselle le soir.

Le prétérit be + V-ing

Comment le construire ?

Eh bien, comme son nom l'indique ! On utilise l'auxiliaire **be** au prétérit (**was** ou **were**, donc) et on ajoute **-ing** au verbe.

- **They were playing video games.**
  Ils jouaient à des jeux videos.

Et pas de problème pour les formes négatives ou interrogatives ! On a bien un auxiliaire, c'est donc lui qui s'occupera, par sa place ou en supportant **not**, d'indiquer à quelle forme on est.

- **What were they doing? They were working!**
  Que faisaient-ils ? Ils travaillaient !

Quand faut-il l'utiliser ?

Comme chaque fois que l'on utilise une forme en **-ing**, on donne une précision. L'alternance entre forme simple et forme **be V-ing** permet d'indiquer si les actions se déroulent les unes après les autres, ou si elles se déroulent en même temps – et, dans ce cas, d'indiquer laquelle est l'action principale par rapport à l'autre qui sert de cadre. Compliqué ? Pas tant que ça !

- **John left the room. I looked at Mary. She smiled.**
  John quitta la pièce. Je regardai Mary. Elle me sourit.
- **John left the room. I looked at Mary. She was smiling**.
  John quitta la pièce. Je regardai Mary. Elle souriait. (Dans le premier cas, Mary sourit en voyant que je la regarde. Dans le second, je m'aperçois que Mary est en train de sourire. Facile, non ? En français, cette différence se marque par l'opposition entre le passé simple et l'imparfait.)

GROS PLAN

Comme le présent **be + V-ing**, le prétérit **be + V-ing** permet de ralentir une action pour la souligner, et donc souvent d'exprimer un commentaire, tel que la critique. Une critique du passé, bien entendu, mais certaines rancœurs ont la vie dure !

- **This teacher was always complaining about his students.**
  Ce prof passait son temps à se plaindre de ses élèves.

Le past perfect

Had + participe passé ?

Cette forme (il ne s'agit pas vraiment d'un temps grammatical, mais plutôt d'un aspect) se construit avec l'auxiliaire **had**, à toutes les personnes, avec le participe passé du verbe.

Le participe passé ? Mais oui, la troisième colonne des verbes irréguliers, vous saviez bien que vous ne l'appreniez pas pour rien ! (Voir page 379.) Et si le verbe n'est pas irrégulier, encore plus facile, on se contente d'ajouter la terminaison **-ed**, comme au prétérit. Remarquons que la présence d'un auxiliaire, **had**, permet la construction des formes affirmatives et négatives.

- **I hadn't heard about him but he said he had seen me before.**
  Je n'avais jamais entendu parler de lui, mais il me dit qu'il m'avait déjà vue.

GROS PLAN

Une forme du **past perfect** peut parfois surprendre, c'est celle de **have**.

Have (comme **be**, d'ailleurs) peut être soit un verbe lexical qui signifie « avoir », soit un auxiliaire qui sert à construire une forme composée. Il est donc logique que l'on puisse le rencontrer dans ces deux rôles dans une seule phrase.

- **He knew what to do because he had had a dog before.**
  Il savait quoi faire, car il avait eu un chien auparavant.

Le passé du passé

Quand on raconte le passé, on fait parfois référence à ce qui est arrivé avant le moment qui nous intéresse. Comment faire alors pour que tout le monde comprenne bien de quel moment il s'agit et ne mélange pas tout ? Le prétérit ne suffira pas.

Comparez ces deux phrases.

- **He bought a new car. He had an accident.**
- **He bought a new car. He had had an accident.**

Dans la première, les actions sont toutes les deux au prétérit, elles se succèdent. Il achète une nouvelle voiture, puis il la casse dans un accident. Dans la deuxième, un des verbes est au prétérit (**bought**) mais l'autre est au **past perfect**. Il a donc eu un accident avant d'acheter sa nouvelle voiture. Et ça change tout !!! En quelque sorte, on peut dire que le **past perfect** est le passé du passé, une sorte de passé antérieur.

Pour marquer le regret

Après certaines expressions, le **past perfect** permet d'indiquer que, vu ce qui s'est passé, on aurait souhaité un passé différent.

- **I wish I hadn't met you. If only you had told me before!**
  J'aurais voulu ne pas t'avoir rencontré. Si seulement tu me l'avais dit avant !

Dans le discours indirect

Pour rapporter des paroles prononcées au prétérit ou au present perfect, on utilisera le past perfect.

- **I have forgotten to call Mum! → Jenny said she had forgotten to call her mum.**
  J'ai oublié de téléphoner à maman ! → Jenny a dit qu'elle avait oublié de téléphoner à sa mère.

Et avec be V-ing ?

Il est possible d'enrichir le past perfect d'une forme **be** V-**ing** pour ajouter un commentaire.

- **He had been singing for three hours! I wanted to kill him.**
  Il chantait depuis trois heures ! J'avais envie de le tuer.

Chapitre 10

Faire le lien entre le passé et le présent

Dans ce chapitre :

- Le passé qui explique le présent : le **present perfect**
- L'heure des bilans
- La durée : **for** ou **since** ?

Les anglophones ont une façon de considérer le passé qui peut parfois nous surprendre… Alors qu'en français on se demande s'il faut utiliser l'imparfait pour insister sur le côté répétitif des choses, ou le passé simple pour relever un style d'écriture, eux ne se posent pas du tout ce genre de question ! Non, eux, ce qui les intéresse, c'est de savoir si, dans l'action passée, l'important est l'action elle-même ou plutôt ses effets sur le moment présent. Par exemple, si j'ai perdu mes clés, est-ce que ce qui compte c'est le moment et l'endroit où je les ai perdues, ou plutôt le fait que je ne puisse plus démarrer mon scooter ?

Qu'est-ce que ça change ? Tout… dans le premier cas, je m'intéresse au moment de la perte, je le raconte, et j'utilise le prétérit. Dans le deuxième cas, j'utilise non pas un temps grammatical, mais un aspect, le **present perfect**.

Le present perfect

Un petit bout de chaque

Pour bien montrer qu'il relie deux moments différents, cet aspect se construit avec deux éléments, liés chacun à un de ces moments : le présent, porté par l'auxiliaire **have**, et le passé puisque le verbe se mettra au participe passé.

- **He has seen a grey bird.**
  Il a vu un oiseau gris.

Pas de difficultés pour conjuguer **have** au présent : **has** pour la 3e personne du singulier, **have** pour les autres.

Quant au participe passé, il n'est pas bien compliqué non plus : il se construit en règle générale en ajoutant **-ed** au verbe.

- **They have worked here for a long time.**
  Ils ont travaillé ici pendant longtemps.

GROS PLAN

On vient de voir que le participe passé se construisait en ajoutant **-ed** au verbe, et pourtant, dans les grammaires, on parle souvent du participe passé des verbes en utilisant la structure symbolique **V-en...** Comment cela se fait-il ? Tout simplement parce qu'on veut éviter de confondre prétérit et participe passé !

Les verbes irréguliers ont chacun leur forme particulière au participe passé (qu'on trouve à la troisième colonne des tableaux récapitulatifs). Certains de ces verbes se terminent parfois par **-en**, d'où le choix des grammairiens. Attention, cependant, ils ne se terminent pas tous par **-en**.

beat	**beat**	**beaten**	battre
hide	**hid**	**hidden**	cacher
take	**took**	**taken**	prendre

mais...

catch	**caught**	**caught**	attraper

Poser des questions et nier

Le **present perfect** comprenant un auxiliaire, c'est à lui que revient la responsabilité de marquer l'interrogation (on le met devant le sujet) ou la négation (on le fait suivre de **not**).

Pas d'autre modification à effectuer ! Le verbe reste au participe passé.

- **Have you lost your keys?**
  As-tu perdu tes clés ?
- **I have lost my keys./I have not lost my keys.**
  J'ai perdu mes clés./Je n'ai pas perdu mes clés.

GROS PLAN

Present perfect = passé composé ?

C'est tentant de le croire ! D'abord le **present perfect** ressemble beaucoup, par sa forme, au passé composé français. Ensuite, on peut parfois le traduire par un passé composé – quand on s'intéresse au résultat d'une action plus qu'à l'action elle-même.

- **Great, I've found her phone number!**
  Cool, j'ai trouvé son numéro de téléphone !

Mais ce n'est pas si simple.

Parfois le **present perfect** peut se traduire par un présent, quand il sert à marquer une continuité entre le passé et le présent.

- **They have been together for 3 weeks.**
  Ils sont ensemble depuis trois semaines.

Et en plus le passé composé français est parfois traduit par un prétérit pour parler d'une action passée, datée et terminée.

- **They met three weeks ago, at Jonathan's party.**
  Ils se sont rencontrés il y a trois semaines, à la fête de Jonathan.

Impossible de calquer une langue sur l'autre… Il faut vraiment réfléchir à ce que l'on veut dire.

Pour expliquer le présent

Avec le **present perfect**, vous expliquez la situation présente en examinant le passé.

- **I have eaten too much.**
  J'ai trop mangé. (Donc, j'ai mal au ventre, je ne peux plus rien avaler.)

Difficile pour un Français de s'y retrouver quand il veut parler d'être allé quelque part. « Aller » se traduit en effet par **go** dans la plupart des cas sauf, justement, quand on doit utiliser un **present perfect**. On lui préférera le verbe **be**. Tout dépend de ce que l'on veut donner comme information…

- **He has been to Africa.**
  Il est allé en Afrique (et il en est revenu depuis !).
- **He has gone to Africa.**
  Il est parti en Afrique (et il y est toujours).

Et ça continue, encore et encore…

Le **present perfect** permet de lier le passé et le présent. On l'utilise donc pour indiquer qu'une action, commencée dans le passé, continue encore aujourd'hui : on marque la continuité chronologique.

- **They have lived here for 15 years.**
  Ils habitent ici depuis 15 ans. (En français, on utilise le présent, alors que l'action a commencé il y a bien longtemps.)

Le passé immédiat

Avec l'adverbe **just**, le present perfect renvoie à un moment qui vient d'avoir lieu. L'action est passée, mais tellement récente qu'on a l'impression qu'elle est toujours présente.

- **He has just met a very pretty girl.**
  Il vient de rencontrer une très jolie fille.

Le **present perfect** se trouve, logiquement, avec les adverbes qui indiquent un lien entre le passé et le présent.

until now	jusqu'à maintenant
so far	jusqu'à présent
always	toujours

never	jamais
already	déjà
lately	ces derniers temps
recently	récemment

Le present perfect be V-ing

Il est possible, avec le present perfect comme avec tous les autres temps ou aspects de l'anglais, d'ajouter quelques informations en le combinant avec la forme **be V-ing**. Bien entendu, on continue à établir un lien entre le passé et le présent, mais on ajoute un petit quelque chose supplémentaire.

Comment le reconnaît-on ?

On s'en serait douté, pour faire un **present perfect be V-ing,** on conjugue **be** au present perfect, et le verbe porte la terminaison **-ing** : **Has/have been + V-ing**.

- **He has been working in his room for two hours.**
  Il travaille dans sa chambre depuis deux heures.
- **They have been sleeping for two hours.**
  Ils dorment depuis deux heures.

Bien entendu, comme toujours pour une forme verbale comportant un auxiliaire, c'est lui qui fait tout le travail, en portant la négation ou en se plaçant devant le sujet pour former les questions.

- **How long have they been watching TV?**
  Depuis combien de temps est-ce qu'ils regardent la TV ?

Une information en plus ?

D'abord, avec une forme en **-ing**, on précise qu'on s'intéresse davantage au déroulement de l'action elle-même qu'à son résultat. Comparez :

- **I've done my homework.**
  J'ai fait mes devoirs. (J'ai fini, je suis tranquille, je peux sortir !)
- **I've been doing my homework.**
  Je fais mes devoirs. (Je travaille, idiot, je ne fais pas ça pour m'amuser !)

Le présent **be V-ing** et le present perfect **be V-ing** se traduisent de la même façon en français.

- **I'm reading this book./I've been reading this book.**
  Je suis en train de lire ce livre. (Mais alors que, dans le premier cas, j'ai le livre à la main et je suis effectivement en train de lire, dans le second, j'indique simplement que l'action est commencée et non terminée au moment où je parle, mais je n'ai pas forcément mon livre ici !)

Ensuite, en combinant le **present perfect** avec la forme **be V-ing**, on s'intéresse d'abord à l'activité du sujet grammatical, plutôt qu'au résultat de l'action elle-même.

- **He has painted the door. It's beautiful.**
  Il a peint la porte, elle est magnifique. (On s'intéresse au résultat, à la porte.)
- **He has been painting the door. He's got paint all over!**
  Il a peint la porte, il a de la peinture partout ! (On ne s'occupe pas du résultat de la mise en peinture ; on s'intéresse au sujet et au fait qu'il est couvert de peinture.)

Enfin, une forme en **be V-ing** permet toujours de faire passer quelque chose de son opinion sur l'action dont on parle.

- **He has played the piano for 3 hours.**
  Il joue du piano depuis trois heures. (Je constate que cela fait trois heures qu'il joue. Je ne fais pas de commentaire.)

- **He has been playing the piano for three hours.**
  Il joue du piano depuis trois heures. (Soit je suis admirative et j'espère qu'il va continuer, soit je m'apprête à l'étrangler...)

ATTENTION !

Comme avec toutes les formes **be V-ing**, il n'est pas possible d'utiliser le present perfect **be V-ing** avec les verbes d'état comme **be** (être), **remain** (rester), **seem** (sembler) ni avec des verbes exprimant des pensées ou des sentiments comme **love** (aimer), **like** (apprécier), **believe** (croire), **understand** (comprendre), etc.

Difficile également de l'utiliser avec certains verbes d'action qui expriment des actions ponctuelles que l'on imagine mal mettre « au ralenti ». On ne pourrait par exemple pas dire ~~**The car has been breaking down**~~ : soit la voiture est en panne, soit elle ne l'est pas, mais on ne peut pas la décrire en train de tomber en panne.

Exprimer la durée

How long?

Pour interroger sur la durée d'une action, on utilise l'expression interrogative **how long**, avec un present perfect.

- **How long have you studied English?**
  Depuis combien de temps apprenez-vous l'anglais ? (On s'intéresse à la durée. On pense que vous avez fini votre apprentissage.)
- **How long have you been studying English?**
  Depuis combien de temps apprenez-vous l'anglais ? (On commente... Vous parlez tellement bien qu'on en est surpris... ou tellement mal qu'on se demande si vous venez de commencer... On pense que votre apprentissage n'est pas fini.)

For

On utilise la préposition **for** pour exprimer la durée écoulée entre le début de l'action et le moment où l'on parle. **For** se traduit par « depuis ».

- **She has been sleeping for 2 centuries.**
  Elle dort depuis deux siècles.

For introduit des noms qui renvoient à une durée.

for ages	depuis une éternité
for centuries	depuis des siècles
for months/years	depuis des mois/des années
for three days	depuis trois jours
for a long time	depuis longtemps

Récapitulons !

Quand **for** renvoie à la durée d'un événement révolu, il est utilisé avec le prétérit – et on le traduit par « pendant ». Comparez !

- **He has been in jail for 12 years.**
  Il est en prison depuis 12 ans. (Et il y est toujours.)
- **He was in jail for 12 years**
  Il a été en prison pendant 12 ans. (Mais il en est sorti.)

Since

Since marque le point de départ d'une action, mais c'est à nous d'en calculer la durée exacte. On le traduit par « depuis ». Ce point de départ peut être une date ou un événement.

- **We've been friends since nursery school.**
  Nous sommes amis depuis l'école maternelle.
- **They have lived in Paris since they left New York in 2010.**
  Ils vivent à Paris depuis qu'ils ont quitté New York en 2010.

Ago

Alors que **for** et **since** permettent de faire le lien entre le passé et le présent et de marquer une durée, **ago** situe une action dans le passé. Il sera d'ailleurs logiquement accompagné du prétérit.

- **I left home 6 months ago.**
  J'ai quitté la maison il y a six mois.

Le **prétérit** pour parler de choses sans s'occuper du présent.

Le **present perfect** pour faire le bilan, établir un lien entre le passé et le présent.

Le **past perfect** pour parler d'actions qui se sont passées avant les actions passées dont on parle.

Pas si difficile que ça, finalement !

Chapitre 11

L'avenir

Dans ce chapitre :

- Prédire l'avenir avec **will**
- Imposer le futur rien qu'avec sa volonté
- Rappeler à un devoir
- Jouer à Sherlock Holmes pour prédire l'avenir
- Et bien d'autres moyens pour parler d'avenir

En français, pour parler d'avenir, on a du choix : le futur proche (je vais l'appeler), le futur simple (je l'appellerai) ou le futur antérieur (Quand je l'aurai appelé…). Et quand je vous dis « je t'appelle demain ! », même si j'utilise le présent, vous comprenez bien qu'il ne s'agit pas de maintenant ! L'avenir pour les Français est bien compliqué…

En anglais, c'est un autre problème, il n'y a pas de temps grammatical pour parler du futur… Alors, comment faire ? On utilise différents moyens, qui vont de l'utilisation du présent (simple ou **be V-ing**), à celle d'auxiliaires modaux, tels que **will** ou **shall** en passant par des expressions qui expriment la visée.

Will

Un auxiliaire modal

Will est un auxiliaire qui permet à celui qui parle de faire une prédiction sur l'avenir. Comme tous les modaux, il est suivi d'un verbe nu, sans terminaison. Il est invariable et ne prend donc pas de **-s** à la troisième personne du singulier. **Will** peut être contracté, et sera alors écrit ***'ll.***

- **He will drive you to school and you'll come back by bus.**
  Il t'emmènera au lycée et tu reviendras en bus.

Will étant un auxiliaire, il sert à former les phrases interrogatives et négatives, et à faire des réponses courtes.

- **He will not (won't) see us.**
  Il ne nous verra pas.

- **Who will recap today's lesson? – I will.**
  Qui va rappeler la leçon d'aujourd'hui ? – Moi.

GROS PLAN

On peut combiner **will** avec la forme **be + V-ing**. Cela permet de visualiser une scène dans le futur.

- **Tomorrow, we'll be lying on the beach under the sun!**
  Demain, nous serons allongés sur la plage au soleil !

Je le vois dans ma boule de cristal

Will est le moyen le plus utilisé en anglais pour parler du futur. Il indique que l'on fait une prédiction en fonction de ce que l'on sait du contexte, de la situation ou du sujet grammatical.

- **I know she won't come.**
  Je sais qu'elle ne viendra pas.

Ce sera donc la formule favorite des diseurs de bonne (ou mauvaise !) aventure.

- **You will be rich, you will get married, and have a lot of children.**
  Vous serez riche, vous vous marierez et vous aurez beaucoup d'enfants.

Logiquement les expressions suivantes sont suivies de **will,** puisqu'elles se réfèrent à une opinion sur l'avenir.

probably	probablement
certainly	certainement
maybe	peut-être
perhaps	peut-être
I expect	Je m'attends à ce que
I suppose	Je suppose
I think	Je pense
I guess	J'imagine
I wonder	Je me demande
I'm sure	Je suis sûr

Facile de prédire, avec des « si »...

Quand l'avenir dépend de la réalisation d'une hypothèse ou si le futur est la conséquence d'un choix, on utilise **will** pour parler de ce qui arrivera.

- **If you go there, you will regret it!**
  Si tu vas là-bas, tu le regretteras !
- **When I am 18, I will be independent.**
  Quand j'aurai 18 ans, je serai indépendant.

ATTENTION !

On rencontre parfois cette règle, facile à retenir : quand on fait une hypothèse introduite par **if** ou une prédiction introduite par **when** ou **as soon as**, la subordonnée est au présent. **Will** n'est présent que dans la principale.

- **I will call you as soon as I am at home.**
  Je t'appellerai dès que je serai à la maison.

Mais ce n'est pas toujours vrai. On trouve **will** après **when** quand **when** est un pronom interrogatif.

- **When will you call your parents?**
  Quand appelleras-tu tes parents ?

Ça arrivera, parce que je le veux !

Will a la même racine que le verbe allemand **wollen** (vouloir). Il garde des traces de son sens d'origine. La volonté du sujet apparaît en particulier nettement quand le sujet est **I**.

- **I will not go with you.**
  Je n'irai pas avec toi. (Je n'irai pas, parce que je ne le veux pas.)

Mais cette valeur peut aussi être perçue avec d'autres sujets.

- **Mum will not let us watch that movie.**
  Maman ne nous laissera pas regarder ce film. (Je sais qu'elle ne voudra pas. Je la connais bien, et je peux prédire sa réaction !)

GROS PLAN

C'est cette valeur de **will** que l'on utilise pour demander poliment à quelqu'un de faire quelque chose.

- **Will you open the window, please?**
  Tu peux ouvrir la fenêtre, s'il te plaît ? (Il ne s'agit pas ici de demander à quelqu'un de faire une prédiction, mais bien de lui demander si tel est son bon vouloir.)

L'Ecosse, L'Irlande

Shall

Pas le choix !

Comme **will**, **shall** est un auxiliaire modal qui permet à l'énonciateur de mettre son grain de sel sur l'action accomplie par le sujet. Il se construit de la même façon, et lui ressemble tellement qu'à la forme contractée on ne les distingue plus.

Shall vient du vieil anglais **sculan** qui signifiait « devoir ». Il garde cette valeur très forte et est utilisé pour parler d'avenir en sous-entendant une contrainte.

- **You shall not get in!**
  Vous n'entrerez pas !

ATTENTION !

Shall est en fait essentiellement utilisé à la première personne, et à la forme interrogative pour proposer un service ou se mettre à la disposition de quelqu'un.

- **Shall I open the door? Now, what shall we do?**
  Dois-je ouvrir la fenêtre ? Maintenant, qu'est-ce qu'on fait ?

Dans ces deux cas, l'énonciateur se met à la disposition des ordres que voudra lui donner son interlocuteur.

Parce que c'est la loi !

On utilise assez peu **shall** aux autres personnes que la première, sauf dans les règlements et lois, chaque fois qu'une contrainte est implicite.

- **You shall not modify of alter the software in any way.**
  Il est interdit de modifier ou de transformer le logiciel de quelque façon que ce soit.

Be going to

Élémentaire, mon cher Watson!

On peut parfois affirmer que quelque chose va se produire simplement en regardant autour de soi et en repérant des indices.

- **The sky is really dark, it's going to rain.**
  Le ciel est vraiment sombre, il va pleuvoir.

Avec **be going to + V**, on n'a pas besoin d'utiliser un marqueur temporel pour indiquer que l'on parle du futur. Cette structure se rapproche du futur proche « aller + V » que l'on utilise en français pour également parler du futur. On ne va nulle part, on indique simplement que l'action est sur le point de débuter.

He is going to cry.
Il va pleurer.

J'en ai bien l'intention

On peut aussi savoir ce qui va se passer parce qu'on connaît la décision prise par le sujet grammatical, et on fait comme si, finalement, l'action avait déjà quasiment commencé.

- **He's going to buy a big dog**.
  Il va acheter un gros chien.

La différence avec **will** est subtile, mais elle existe. Comparons ces phrases.

- **I am going to do the washing up, will you help me?**
  Je vais faire la vaisselle, tu viens m'aider ?
- **All right, if you cook the dinner, I will do the washing up.**
  D'accord, si tu fais le repas, je ferai la vaisselle.

Avec **going to + V**, on indique que la décision a déjà été prise de faire la vaisselle, quelle que soit l'aide qui nous sera apportée.

Avec **will**, cette décision de faire la vaisselle n'intervient que parce que tu as accepté de cuisiner, elle n'a pas été prise avant.

D'autres expressions du futur

Le présent be + V-ing

On peut considérer qu'un projet est quasiment déjà en cours, parce qu'on a déjà pris des dispositions. On utilise alors le présent **be + V-ing** et un marqueur temporel qui montre qu'il s'agit de l'avenir, et non du présent.

- **We're moving to Paris next month.**
  Nous déménageons à Paris le mois prochain. (Tout est prêt ; dans la tête de l'énonciateur, ils sont déjà partis.)

Figure 11-1 : **We're moving next month.**

Le présent simple

Pour apporter des informations sur un avenir qui ne dépend pas de la volonté de l'énonciateur, on peut utiliser le présent simple (horaires ou programmes, par exemple).

- **The movie starts at 2:30.**
  Le film commence à 14 h 30. (Notez qu'en français aussi, on utilise un présent dans ce cas.)

Be to + V

Il s'agit ici d'annoncer des dispositions qui ont été convenues, comme dans un projet, ou dans un contrat, ou de rappeler un ordre qui ne vient pas de l'énonciateur.

- **You are to arrive 15 minutes before the test begins.**
  Vous arriverez 15 minutes avant le début des épreuves.

GROS PLAN

On peut moduler la structure **be to + V** pour y ajouter des informations supplémentaires.

Be about to pour indiquer que l'action est imminente.

- **The show is about to start.**
  Le spectacle va commencer d'une minute à l'autre.

Be bound to pour dire que l'événement est très probable, quasiment inévitable.

- **They are bound to know about it.**
  Ils vont fatalement être au courant.

Be likely to pour marquer une probabilité, pour laisser une nuance d'incertitude quant à l'action qui va se produire.

- **He is likely to come with his new girlfriend.**
  Il risque de venir avec sa nouvelle copine.

Chapitre 12

L'imagination au pouvoir

Dans ce chapitre :

- Ce qui peut encore arriver
- Ce qui n'arrivera probablement pas, mais…
- Ce qui aurait pu arriver
- Les outils pour faire des hypothèses

On ne peut plus changer le passé, et le présent est parfois décevant… Mais rien n'empêche de rêver, d'imaginer autre chose !

Avec des « si », tout est possible… On peut planifier l'avenir, on peut modifier le présent, et même changer le passé ! Si je gagne… Si j'étais là-bas… Si j'avais su… Autant de moyens d'imaginer un monde différent de celui dans lequel nous vivons, un monde meilleur ou – pourquoi pas ? – un monde bien pire qui nous aidera à mieux aimer le nôtre.

En anglais, un auxiliaire permet d'annoncer tout de suite qu'on ne parle pas de ce qui est mais de ce qui pourra être, pourrait être ou aurait pu être. Il s'agit de l'auxiliaire **will** et de sa forme passée, **would**.

Et si…

Deux mots permettent de tout imaginer, de tout faire, bref, d'être les rois du monde. Deux conjonctions, **if** (si) et **unless** (sauf si, à moins que). Ces deux mots introduisent des subordonnées qui décrivent les circonstances nécessaires pour imaginer une réalité différente. Et ce sont les formes verbales qui nous permettront de savoir si ce possible est réalisable… ou pas !

Ça va arriver, je vous aurai prévenu !

If et **unless** permettent de faire des prédictions. L'événement est prévisible et réalisable : il dépend d'un choix que l'on peut encore faire. L'auxiliaire **will** dans la principale permet de signaler qu'il s'agit d'une action prédite, non encore réalisée, mais la subordonnée introduite par **if** ou **unless** est au présent.

- **If you work well, you will get good marks.**
  Si tu travailles bien, tu auras de bonnes notes.
- **I will stay there unless you want me to come back home.**
  Je resterai là-bas à moins que tu veuilles que je rentre.

ATTENTION !

On peut moduler la probabilité de la conséquence en choisissant le modal dans la principale.

- **If you work well at school, I will buy you a bike.**
  Si tu travailles bien à l'école, je t'achèterai un vélo. (C'est sûr, c'est promis.)
- **If you work well at school, I might buy you a new bike.**
  Si tu travailles bien à l'école, je t'achèterai peut-être un vélo. (J'envisage la possibilité, mais je ne suis pas tout à fait sûr.)

* Si tu mens, ton nez deviendra de plus en plus long

Peu probable, mais on ne sait jamais !

En utilisant le passé dans la subordonnée introduite par **if**, on indique que la réalisation de l'événement est envisageable, mais peu probable : il faudrait que la réalité soit différente pour que l'action se réalise.

- **If I had a lot of money, I would live in a big castle.**
  Si j'avais beaucoup d'argent, j'habiterais dans un grand château.

Dans les subordonnées en **if**, si on utilise **be** comme verbe ou comme auxiliaire, il est à la forme **were**, à toutes les personnes.

- **If I were you I would not wear those shoes.**
  Si j'étais toi je ne porterais pas ces chaussures.
- **They wouldn't sell their house unless they were obliged to!**
  Ils ne vendraient pas leur maison, s'ils n'y étaient pas obligés.

Cette règle est de moins en moins suivie. En particulier les Américains disent **If I was**, plus logique, finalement.

Would permet, la plupart du temps, de se situer dans l'irréel. Mais il peut aussi parfois être utilisé dans un contexte passé pour parler d'une action habituelle, caractéristique du sujet grammatical. **Would** indique que l'action se répétait régulièrement dans le passé. On le traduit alors en français par un imparfait.

- **She would read me stories before going to bed.**
  Elle me lisait des histoires avant d'aller au lit.

Trop tard, d'accord, mais rien n'empêche de rêver !

D'accord, ce qui est fait est fait, on ne peut plus changer le passé, mais cela n'empêche pas d'imaginer ce qui aurait pu être différent. Pour que personne ne se fasse d'illusion et sache bien qu'il n'est plus possible que la condition se remplisse, on utilise le **past perfect** après **if**. Le verbe de la principale, qui décrit ce que le passé aurait pu être (mais n'a pas été !) est mis au participe passé précédé de **would have**. Les choses sont claires : il est bien trop tard !

- **If she had learnt her lesson, she would have passed the test.**
  Si elle avait appris sa leçon, elle aurait eu une bonne note.

GROS PLAN

On peut imaginer ce que serait le présent si on avait fait un choix différent dans le passé. Dans ce cas, le verbe de la principale est à la forme **would + V**.

- **If she had ticked the right box, she would be rich today.**
  Si elle avait coché la bonne case, aujourd'hui elle serait riche.

Ce n'est pas le passé qu'on envisage différemment, mais bien le présent.

If only

En utilisant **If only** suivi du **past perfect**, on indique que le choix que l'on a fait (ou pas fait !) n'est plus possible… Et qu'on le regrette bien !

- **If only I had left earlier!**
  Si seulement j'étais parti plus tôt !

Chapitre 13

Les modaux

Dans ce chapitre :

- Utiliser les modaux
- Un modal si je ne suis pas très sûr de moi.
- Un modal pour influencer
- Comment faire s'il n'y a pas de modal ?

Évidemment, on ne peut pas toujours être tout à fait sûr de soi quand on affirme quelque chose… Certains petits mots sont très pratiques en anglais, car ils permettent de renseigner votre interlocuteur sur le degré de certitude de ce vous annoncez. À lui d'en tenir compte pour déterminer jusqu'à quel point il peut vous faire confiance !

Ces mêmes mots peuvent également servir à indiquer quel est votre avis sur une action, voire à influencer votre interlocuteur. Ainsi, en français, si je vous dis que vous devez lire ce chapitre, ce n'est pas la même chose que si je vous dis que vous devriez le faire… Eh bien en anglais, il me suffira de choisir un de ces petits mots pour arriver à la même nuance.

Mais quels sont ces petits mots si pratiques en anglais ? Mais oui, nous parlons bien des auxiliaires modaux ! Les modaux servent à donner un avis sur une action ou un événement.

Comment les utiliser ?

En règle générale

Une seule chose facile à retenir avec les modaux… ils sont invariables. Par conséquent, on ne peut ni les faire précéder du **to** de l'infinitif, ni les conjuguer, ni leur faire porter le **-s** de la troisième personne du singulier. Ils sont suivis directement de la base verbale du verbe.

- **You must be crazy! She might know the code.**
  Tu dois être fou ! Elle connaît peut-être le code.

Questions et négations

Comme leur nom l'indique, les auxiliaires modaux sont… des auxiliaires ! Ils vont donc se charger d'indiquer si la phrase est à la forme affirmative, interrogative (en passant devant le sujet) ou négative (en étant suivi de la négation **not**).

- **Can you open the door?**
  Peux-tu ouvrir la porte ?
- **No, I can't open it, I have lost the key!**
  Non, je ne peux pas l'ouvrir, j'ai perdu la clé !

Combo…

Même s'ils sont invariables, on peut tout de même combiner les modaux avec la plupart des formes verbales.

Avec la forme be V-ing

On donne son avis sur le déroulement d'une action, plutôt que son résultat.

- **She must be sleeping**
  Elle doit être en train de dormir.

Avec la forme have V-en

On donne son avis sur une action déjà passée, en général pour expliquer le présent.

- **He must have bought a new car, he never takes the bus.**
  Il doit avoir acheté une voiture, il ne prend jamais le bus.

Peut-être bien que oui, mais peut-être bien que non !

Faites vos jeux !

Les auxiliaires modaux permettent de donner un avis sur la probabilité d'un événement ou d'une action. **Must**, **will, can, may** et leurs formes passées, **could**, et **might** permettent de dire jusqu'à quel point on est sûr de quelque chose. **Will** est un auxiliaire modal qui permet à l'énonciateur (celui qui parle) de donner un avis sur une action ou un état.

Will

→ aussi en parlant de l'avenir

Will indique qu'on est absolument certain que quelque chose va se passer. On le prédit, on le sait !

- **If you touch it, it will hurt!**
  Si tu le touches, ça va faire mal !

Must

Avec **must**, on s'engage très fortement. D'accord, il y a toujours un petit doute, mais on est pratiquement certain.

- **His car is parked in front of the house, he must be at home.**
  Sa voiture est garée devant la maison, il doit être chez lui.

Should

Should marque également une probabilité très forte, mais l'énonciateur est légèrement moins affirmatif qu'avec **must**.

- **He should be at home.**
  Il devrait être chez lui.

May

Avec **may**, on envisage une possibilité, en précisant bien qu'on n'est pas très sûr de la chose.

- **I may have some homework to do.**
  J'ai peut-être quelques devoirs à faire.

GROS PLAN

En français, on utilisera souvent des tournures impersonnelles.

- **She may be at school.**
  Il est possible qu'elle soit partie au collège.

Might / could

Might et **could** sont les formes passées de **may** et **can**. L'utilisation du passé permet de prendre ses distances par rapport à un événement, en s'engageant au minimum. C'est peut-être vrai, mais peut-être aussi que ça ne l'est pas !

- **He might/could be 16 or 17.**
  Il se pourrait qu'il ait 16 ou 17 ans.

Can't

Can't permet d'exprimer une certitude, la certitude que quelque chose n'existe pas : ce n'est pas possible ni même envisageable.

- **He can't be rich, he doesn't work.**
  Il ne peut pas être riche, il ne travaille pas.

On préférera **can't** à **mustn't** si on est presque sûr que l'événement ou l'action n'existeront pas.

- **They must be married. – No, they can't be married, they are much too young!**
  Ils doivent être mariés. – Non, ils ne peuvent pas être mariés, ils sont bien trop jeunes !

La force des mots

Fais ce que je te dis

Les modaux peuvent également être utilisés pour indiquer que l'on fait plus ou moins pression sur le sujet. En fonction du modal utilisé, on pourra donner, avec un simple petit mot, son avis, une permission, un conseil ou un ordre, voire interdire !

La capacité : can

Avec **can** ou **can't,** on donne son avis sur la capacité du sujet grammatical à faire quelque chose.

- **I can open the door, I've got the key!**
  Je peux ouvrir la porte, j'ai la clé !
- **He can't drive.**
  Il ne sait pas conduire.

ATTENTION !

En français, on utilise « pouvoir » pour parler d'une compétence physique, mais plutôt « savoir » pour parler d'une compétence intellectuelle.

Les Anglais ne font pas la différence : ils utilisent **can** !

- **He can speak English better than I can but he can't run as fast as I can!**
  Il sait parler anglais mieux que moi, mais il ne peut pas courir aussi vite que moi !

La permission: can ou may

Can et **may** indiquent que l'on permet au sujet grammatical de faire quelque chose. **May** est plus formel que **can**.

- **You can come in./You may come in.**
  Vous pouvez entrer.

Ils sont utilisés à la forme interrogative pour demander la permission de faire quelque chose.

- **Can I open the window?**
  Je peux ouvrir la fenêtre ?
- **May I ask you something?**
  Puis-je vous demander quelque chose ?

À la forme négative, ils indiqueront qu'on refuse une autorisation.

- **You can't/may not watch TV tonight.**
  Vous n'avez pas l'autorisation de regarder la télé ce soir.

GROS PLAN

Utiliser **could,** la forme passée de **can,** permet de prendre de la distance avec permission donnée ou demandée, de l'adoucir, d'en atténuer le côté impératif et donc d'être plus poli.

- **Could you lend me your phone?**
  Pourrais-tu me prêter ton téléphone ?
- **You could help me with my English.**
  Tu pourrais m'aider à faire mon anglais.

L'obligation : must

Avec **must,** on impose sa volonté au sujet grammatical.

- **You must do your exercise first.**
  Il faut d'abord que tu fasses ton exercice.

ATTENTION !

Une autre façon d'imposer une obligation est **have to + V**. Mais il y a une différence.

Avec **must**, c'est moi qui impose l'obligation.

Avec **have to**, je constate qu'il y a une obligation, mais je ne m'implique pas.

- **You must listen to your teacher.**
  Il faut que tu écoutes ton professeur. (C'est un ordre que je te donne, parce que j'en ai décidé ainsi.)
- **In most English schools, you have to wear a uniform.**
  Dans la plupart des écoles anglaises, on doit porter l'uniforme. (C'est une obligation imposée par le règlement, pas par moi.)

Le conseil : should

Should permet de donner un conseil sur ce que le sujet devrait faire ou ne pas faire.

- **She should not talk to him anymore.**
  Elle ne devrait plus lui parler.
- **You should not say that.**
  Tu ne devrais pas dire cela.

L'interdiction : mustn't

Comme avec **must**, on s'implique avec **mustn't**. On indique qu'il y a une interdiction très forte.

- **You mustn't read this letter.**
  Tu ne dois pas lire cette lettre. (Je te l'interdis.)

L'absence d'obligation : needn't

Need est un semi-modal, ce qui signifie qu'il peut parfois fonctionner comme un verbe. Il prend alors un **-s** à la troisième personne du singulier au présent, nécessite l'intervention de **do** aux formes négatives et interrogatives et est suivi de **to + V.** C'est souvent le cas quand on veut montrer que la nécessité est due à un élément extérieur et pas à l'énonciateur.

- **You don't need to have an ID card as long as you don't leave the country.**
  Tu n'as pas besoin d'une pièce d'identité tant que tu ne quittes pas le pays.

Need (ou **needn't**) peut aussi fonctionner comme auxiliaire, et indique que l'énonciateur estime qu'il y a ou non un besoin.

- **You must wear a white shirt, but you needn't wear a tie.**
  Tu dois porter une chemise blanche, mais tu n'es pas obligé de porter une cravate.

D'autres expressions utiles

Presque aussi modales que les auxiliaires

Certaines expressions ont des sens très proches de ceux des modaux.

Elles permettent de ne pas s'impliquer : les jugements énoncés sont de simples constatations, neutres. Plus question de s'engager sur le degré de probabilité ou d'imposer quoi que ce soit ; on indique simplement que la chose est obligatoire ou susceptible de se produire ou qu'il y a une interdiction.

Ces expressions peuvent se mettre à tous les temps et aspects. Certes, **can** et **may** ont une forme passée (**could** et **might**), mais que faire pour les autres modaux ou quand on veut parler d'avenir ou utiliser le present perfect ? On choisit des « équivalents » que l'on peut conjuguer comme on le souhaite.

likely to	être probable
be allowed to	être autorisé à
have to	être obligé de
be able to	être capable de
do not have to	ne pas avoir à
be forbidden	ne pas être autorisé à

- **Smoking in not allowed.**
  Il est interdit de fumer. (L'interdiction est constatée par la personne qui parle qui s'appuie sur la loi. S'il avait dit **you mustn't smoke**, il aurait affirmé que cette interdiction était de son fait.)
- **This building is very old. It is likely to collapse.**
  Ce bâtiment est très ancien. Il risque de s'effondrer.
- **Before 1944, in France, women were not allowed to vote.**
  Avant 1944, en France, les femmes n'avaient pas le droit de voter.

Troisième partie

Combiner les mots dans les phrases

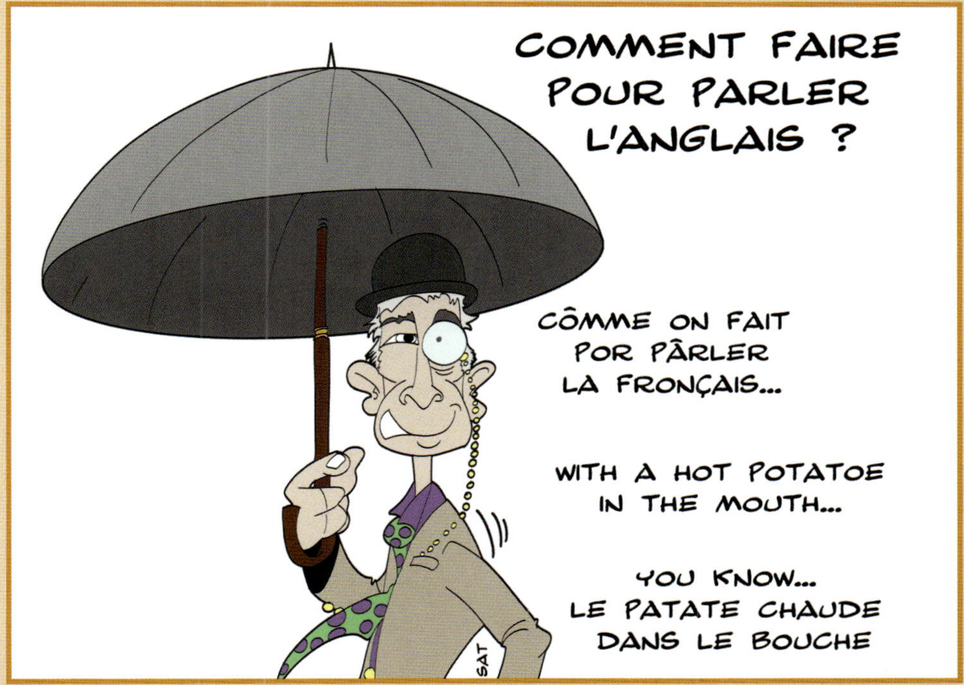

Dans cette partie...

On ne peut pas toujours se contenter de phrases simples (sujet – verbe – complément). Oui, bien sûr, ce serait plus facile pour tout le monde, mais c'est comme ça ! Si vous n'utilisez que des phrases affirmatives simples les unes derrière les autres, vous allez vite passer pour un benêt, et surtout vous allez être terriblement ennuyeux… **boring** ! Alors qu'à partir d'une phrase simple toute bête, on peut, en combinant les mots, en ajoutant des compléments, des incises, des relatives, se montrer tellement subtil, riche... en un mot, passionnant… Essayez, vous verrez, vous avez tout à y gagner !

Chapitre 14

Et à part affirmer ?

Dans ce chapitre :

- Dire non
- Poser des questions
- Répondre rapidement aux questions

Le langage est bien utile pour apporter des informations – avec un sujet, un verbe et un complément, c'est la forme affirmative.

Informer, c'est dire ce qui est, mais aussi ce qui n'est pas.

Mais le langage sert d'abord à communiquer, c'est-à-dire interagir avec d'autres personnes pour leur poser des questions et répondre à leurs questions. Il faut savoir agencer les mots dans la phrase et modifier son intonation pour avertir son interlocuteur de ce que l'on veut... Et pour cela, il y a des mots bien pratiques en anglais, les auxiliaires.

La forme négative

Not ne peut pas vivre seul !

On l'a déjà vu plusieurs fois dans les chapitres précédents – pour faire une négation en anglais, on a besoin du petit mot **not**, l'équivalent de notre « ne pas » français. Un seul mot de trois lettres, il n'y a pas de quoi s'inquiéter ! Le problème est que les choses ne sont pas si simples... **Not** a une telle responsabilité (il nie toute la phrase) qu'il ne peut travailler seul. Il lui faut de l'aide ! C'est l'auxiliaire qui la lui apporte.

They are working hard. → They are not working hard.
Ils travaillent dur. → Ils ne travaillent pas beaucoup.

Parfois il y a déjà un auxiliaire dans le groupe verbal, comme dans l'exemple ci-dessus, et c'est simple : **not** va de lui-même se coller juste derrière lui.

Mais parfois le verbe est à une forme simple, et **not** ne trouve pas d'auxiliaire ! Qu'à cela ne tienne, il en trouvera un quand même ! Et le verbe saute sur l'occasion pour le laisser travailler et se débarrasser au maximum des marqueurs grammaticaux !

He likes tea. → He doesn't like tea.
Il aime le thé. → Il n'aime pas le thé.

Il est donc important de bien connaître les auxiliaires qui existent en anglais.

ATTENTION !

Il est également possible de faire une négation en utilisant **no** devant un nom, ou un de ses composés. Attention, dans ce cas-là, **not** disparaît : il ne peut jamais y avoir deux négations dans une phrase (cela reviendrait à faire une affirmation !).

- **They couldn't hear what she said and they saw nothing.**
  Ils n'entendaient pas ce qu'elle disait, et ils ne voyaient rien.
- **They had nowhere to go, nobody to talk to.**
  Ils n'avaient nulle part où aller, personne à qui parler.

Récapitulons les auxiliaires

Is/am/are : présent continu

- **You are listening to music; you are not working**.
  Tu écoutes de la musique; tu ne travailles pas !

Do/does : présent simple

- **She lives in London but she doesn't live near the Thames**.
  Elle habite à Londres, mais elle n'habite pas près de la Tamise.

Was/were : prétérit continu

- **I was sleeping, but I wasn't sleeping very well.**
  Je dormais, mais je ne dormais pas très bien.

Has/have : present perfect

- **They have seen the movie, but they haven't told me about it.**
  Ils ont vu le film, mais ils ne m'en ont pas parlé.

Had : past perfect

- **They had rented a car, because their aunt had told them to.**
  Ils avaient loué une voiture parce que leur tante leur avait dit de le faire.

GROS PLAN

Bien entendu, **not** se satisfera facilement des auxiliaires modaux, derrière lesquels il pourra se placer très facilement (voir chapitre 13).

- **Of course, you can swim; but you should not swim here!**
  Bien sûr, tu sais nager ; mais tu ne devrais pas nager ici !

Posons des questions

Les questions fermées

Les questions fermées sont celles auxquelles on répond par « oui » ou par « non ». Pour indiquer qu'il s'agit d'une question, on fait précéder le sujet d'un auxiliaire. L'ordre des mots sera donc le suivant : auxiliaire + sujet + verbe + compléments + ?

- **He went to Glasgow last week. Did you go with him?**
  Il est allé à Glasgow la semaine dernière. Es-tu allé avec lui ?

Le verbe **be** se comporte comme un auxiliaire et se place devant le sujet.

- **Is he worried?**
  Est-il inquiet ?

ATTENTION !

En français, on utilisera l'expression « est-ce que… » pour indiquer que l'on pose une question. En anglais, c'est l'inversion auxiliaire + sujet qui permet de jouer le même rôle.

- **Do you want an apple?**
  Est-ce que tu veux une pomme ?

Les questions ouvertes

Ce sont les questions qui permettent d'obtenir une information plus détaillée qu'un simple « oui » ou « non ». Elles commencent par un pronom interrogatif, un adverbe interrogatif ou une locution adverbiale interrogative. Comme ces mots comportent tous les lettres **w** et **h**, on les appelle souvent les **wh- questions**.

Dans ces questions, l'ordre des mots sera le suivant : **wh-** + auxiliaire + sujet + verbe + compléments + ?

- **Where do you live? When did you arrive?**
  Où habites-tu ? Quand es-tu arrivé ?

Seule exception : si le pronom interrogatif est sujet (on veut connaître l'identité du sujet), il n'y a pas besoin d'auxiliaire.

- **Who answered you?**
  Qui t'a répondu ?

GROS PLAN

Lorsque la question porte sur un complément introduit par une préposition, celle-ci est rejetée en fin de phrase.

- **Who was he dancing with?**
  Avec qui dansait-il ?

Les mots interrogatifs

Ils précisent le type d'information que l'on veut obtenir.

Who : l'identité d'un être humain

What : la nature d'un objet inanimé

When : le moment

Where : le lieu

Why : la cause

Which : un choix entre deux éléments

Whose + objet : l'identité du possesseur de l'objet

How : la manière

How old : l'âge

How far : la distance

How long : la durée

How often : la fréquence

- **Where were you born? How often do you go there?**
  Où es-tu né ? Tu y vas tous les combien ?

ATTENTION !

Pour demander à quelqu'un de faire un choix, on doit commencer par choisir le pronom interrogatif : on utilisera **which** si on demande à quelqu'un de choisir entre deux éléments, et **what** si on demande de choisir entre plusieurs éléments.

- **Which shirt do you prefer: the red one or the green one?**
  Quelle chemise est-ce que tu préfères : la rouge ou la verte ?
- **What countries have you ever been to?**
  Dans quels pays es-tu déjà allé ?

Les question tags

Qu'est-ce que c'est ?

Pour poser une question, les Français utilisent parfois une technique un peu étrange. Ils affirment quelque chose, puis ajoutent l'expression « n'est-ce pas » à la fin de la phrase, pour demander à leur interlocuteur de confirmer ou d'infirmer ce qu'ils viennent de dire. C'est une façon de poser une question sans en avoir l'air ! En anglais, on utilise une autre technique pour obtenir le même résultat : les **question tags**.

- **She's a nice girl, isn't she?**
  C'est une gentille fille, n'est-ce pas ?

Si l'énoncé est affirmatif, le **tag** sera négatif.

- **Suzy is stupid, isn't she?**
  Suzy est stupide, non ?

Si l'énoncé est négatif, le **tag** sera affirmatif.

- **You don't like her, do you?**
  Tu ne l'aimes pas, n'est-ce pas ?

GROS PLAN

Pas toujours « n'est-ce pas ? »

En français la formule « n'est-ce pas » est beaucoup moins courante que les **question tags** en anglais. On choisit diverses formules qui dépendent du niveau de langue : « hein ? », « pas vrai ? », « non ? », « d'accord ? », « bien sûr ? », etc. Vous avez le choix pour traduire, à vous de trouver ce qui vous semble le plus approprié !

Pour construire un **question tag** : **auxiliaire(n't) +** pronom sujet **+ ?**, on reprend l'auxiliaire ou le modal ou le verbe **be** présent dans l'énoncé principal ou, s'il n'y a pas d'auxiliaire dans la phrase, on utilise **do, does** ou **did**.

ATTENTION !

Les ordres et consignes à l'impératif sont repris par l'auxiliaire **will**.

- **Close the door, will you?**
  Fermez la porte, je vous prie.

S'il y a un pronom ou adverbe à sens négatif dans la phrase, le **tag** sera affirmatif.

- **He never uses this phone, does he?**
  Il n'utilise jamais ce téléphone, n'est-ce pas?

Les pronoms personnels indéfinis (**everybody**, **everyone**, **someone…)** sont repris par le pronom **they**.

- **Everybody has got a computer in the States, haven't they?**
  Tout le monde a un ordinateur aux États-Unis, non ?

Répondons aux questions

Les réponses brèves

Il n'y a qu'à l'école qu'on nous demande de répondre avec des phrases complètes ! En général on répond en donnant simplement l'information demandée, ou en répondant par « oui » ou par « non ». Mais en anglais, répondre uniquement par **Yes** ou **No** est perçu comme un peu mal élevé. On complète avec une « réponse courte » : pronom + auxiliaire (+ **not** pour dire non).

- **Have you done your homework? – Yes I have!/No, I haven't!**
  Vous avez fait vos devoirs ? – Oui./Non.
- **Brian is in the dining room but Jane is not.**
  Brian est dans la salle à manger mais Jane n'y est pas.

GROS PLAN

On peut éviter de répéter l'énoncé pour répondre à une question après certains verbes tels que : **believe, imagine, suppose, hope, think**, etc.

- **Do you have the tickets with you? – Well I hope so…**
  Tu as les billets avec toi ? – Heu, j'espère…

Moi aussi, lui non plus…

So et neither permettent d'établir des comparaisons avec un énoncé.

Si l'énoncé est positif : **so + auxiliaire + sujet.**

- **I love London. – So do I, and so does Kim!**
  J'adore Londres. – Moi aussi, et Kim aussi !

Si l'énoncé est négatif : **neither** + auxiliaire + sujet.

- **He didn't finish his meal. Neither did I.**
  Il n'a pas fini son repas. Moi non plus.

Chapitre 15

Le passif

Dans ce chapitre :

- À quoi sert le passif ?
- Comment construire une forme passive
- Choisir entre la voix passive et la voix active
- Traduire le passif en français

En français, on utilise la voix passive pour insister sur le fait que l'action est « subie » par le sujet. Le passif est beaucoup plus utilisé en anglais – il permet de mettre en valeur le sujet grammatical, quand ce n'est pas lui qui effectue l'action. C'est donc une question de point de vue.

On rencontre beaucoup de passifs, en particulier dans le langage technique, dans les notices ou les titres de journaux, mais pas seulement, comme nous le verrons dans ce chapitre.

Pour quoi faire ?

Une question de point de vue

Généralement, une phrase se construit en choisissant un sujet qui effectue une action, un verbe conjugué qui décrit l'action et éventuellement des compléments.

Dans les énoncés passifs, on choisit de s'intéresser non pas à l'agent (celui qui fait l'action), mais plutôt à celui qui subit cette action. En le plaçant en début de phrase, je vais donc indiquer que c'est lui, l'élément le plus important de la phrase.

- **Julie invited her friends to the concert.**
  Julie a invité ses amis au concert.

- **David and Suzan were invited to the concert by Julie.**
  David et Suzan ont été invités au concert par Julie.

Dans la première phrase, c'est Julie qui nous intéresse, on veut savoir ce qu'elle a fait. On pourra ensuite commenter et dire qu'elle est vraiment sympathique avec ses amis.

Dans la seconde phrase, on s'intéresse plutôt à David et Suzan et, dans la suite de la phrase, on s'attend plutôt à ce qu'on parle d'eux, de leur avis sur le concert ou sur le cadeau de Julie.

Quand choisir le passif ?

On utilise beaucoup plus souvent le passif en anglais qu'en français. On peut dire qu'on utilise le passif quand :

– on s'intéresse davantage à la chose ou la personne qui subit l'action qu'à celui qui la fait ;
– l'agent est inconnu ;
– l'agent n'a pas d'importance ;
– on veut rester vague quant à l'identité de l'acteur.

CHEZ NOS VOISINS

Les titres de journaux

On trouve très souvent des formes passives dans les titres de journaux, dans lesquels il est préférable de « faire court » pour attirer l'attention du lecteur. Généralement, l'auxiliaire est sous-entendu et les articles sont omis.

- **25-year old woman found dead in Severn Park.**
  Une femme de 25 ans trouvée morte dans le parc Severn.

- **Man arrested for stealing cell phones.**
  Un homme arrêté pour avoir volé des téléphones portables.

Comment faire ?

Comme en français

A priori, le passif anglais se construit exactement de la même façon que le passif français, il ne devrait donc pas poser beaucoup de problème.

Il comporte l'auxiliaire **be** (qui porte les marques de temps, de personne ou d'aspect) et le participe passé du verbe.

- **Keith was knocked down by a car.**
  Keith a été renversé par une voiture.

En un peu plus compliqué quand même

La difficulté ne vient pas vraiment de la forme passive elle-même, mais plutôt du fait que comme l'auxiliaire **be** prend la marque des temps et aspect, il peut lui-même être à une forme composée : **has been, is being, was being, will be, could be**, etc.

Cela peut parfois dérouter.

Tableau 15-1 : Forme passive et auxiliaire *be*

Temps ou aspect	*Phrase active*	*Phrase passive*
Présent simple	**Jenny writes a letter.** Jenny écrit une lettre.	**A letter is written (by Jenny).** Une lettre est écrite (par Jenny).
Présent **be V-ing**	**Jenny is writing a letter.** Jenny est en train d'écrire une lettre.	**A letter is being written.** Une lettre est en train d'être écrite.
Prétérit simple	**Jenny wrote a letter.** Jenny a écrit une lettre.	**A letter was written.** Une lettre a été écrite.
Prétérit **be V-ing**	**Jenny was writing a letter.** Jenny écrivait une lettre.	**A letter was being written.** Une lettre était en train d'être écrite.

Tableau 15-1 : Forme passive et auxiliaire *be*

Temps ou aspect	*Phrase active*	*Phrase passive*
Present perfect	**Jenny has written a letter.** Jenny a écrit une lettre.	**A letter has been written.** Une lettre a été écrite.
Past perfect	**Jenny had written a letter.** Jenny avait écrit une lettre.	**A letter had been written.** Une lettre avait été écrite.
Futur avec **will**	**Jenny will write a letter.** Jenny écrira une lettre.	**A letter will be written.** Une lettre sera écrite.
Condition avec **would**	**Jenny would write a letter.** Jenny écrirait une lettre.	**A letter would be written.** Une lettre serait écrite.
Avec un modal	**Jenny could write a letter.** Jenny pourrait écrire une lettre.	**A letter could be written.** Une lettre pourrait être écrite.

Et l'agent dans tout ça ?

Si on choisit une voix passive pour mettre en valeur la personne (ou la chose) qui subit l'action plutôt que celui qui l'a accomplie, cela peut-être tout simplement parce que l'agent ne nous intéresse pas, qu'il est évident, ou parce qu'on ne le connaît pas. Dans ce cas, on peut tout simplement décider de ne pas le mentionner du tout.

- **My bike was stolen during the night.**
  Mon vélo a été volé pendant la nuit.

Quels verbes mettre au passif ?

Les verbes transitifs directs

Ce sont les verbes qui sont suivis directement d'un complément d'objet direct. Ceux-là ne posent pas véritablement de problème.

- **David ate the last biscuit. → The last biscuit was eaten by David.**
  David a mangé le dernier biscuit. → Le dernier biscuit a été mangé par David.

Les verbes transitifs indirects

Ce sont les verbes qui sont suivis d'un complément d'objet précédé d'une préposition. En français, on ne peut pas les mettre à la voix passive. Par exemple, si on peut tout à fait s'intéresser à Philip et dire « Philip a souri à Martha », on ne pourra pas dire « ~~Martha a été sourie par Philip~~ », même si c'est bien à elle qu'on s'intéresse.

Cela est en revanche tout à fait possible en anglais :

- **This bed has been slept in.**
  Quelqu'un a dormi dans ce lit. (On est obligé de revenir à la voix active pour traduire en français.)

ATTENTION !

Certains verbes transitifs directs anglais peuvent être indirects en français, et vice versa.

- **They broke into the house. →The house was broken into.**
  Ils ont cambriolé la maison. → La maison a été cambriolée.

Les verbes à deux compléments

Certains verbes anglais ont deux compléments : une personne et un objet. C'est, par exemple, le cas du verbe **give** (donner) :

- **Wayne gave Jessica a red rose.**
  Wayne a donné une rose rouge à Jessica.

En français comme en anglais, on pourrait mettre cette phrase au passif en choisissant la rose rouge comme sujet grammatical si c'est à elle que l'on s'intéresse.

- **A red rose was given to Jessica [by Wayne].**
  Une rose rouge a été donnée à Jessica [par Wayne].

En anglais, on peut choisir de s'intéresser plutôt à Jessica et donc la mettre en sujet grammatical. Cette forme est très courante.

- **Jessica was given a red rose [by Wayne].**
  Jessica a reçu [de Wayne] une rose rouge en cadeau. (On est obligé de modifier la phrase en choisissant un autre verbe.)

Quelques verbes acceptant cette double construction

ask	demander
buy	acheter
bring	apporter
give	donner
grant	accorder
lend	prêter
offer	offrir
present	présenter
promise	promettre
sell	vendre
send	envoyer
show	montrer
teach	enseigner
tell	dire…

Les verbes à préposition ou particule

Alors qu'en français on ne peut pas mettre au passif les verbes qui ont besoin d'une préposition pour introduire leur complément, cela est tout à fait possible en anglais. Mais que faire de la particule quand le complément devient sujet ?

C'est très simple : dans ce cas, la préposition reste derrière le participe passé du verbe (voir chapitre 18).

- **The children will be looked after by our neighbours' daughter.**
  La fille de nos voisins s'occupera des enfants.

Traduire le passif anglais

Solution n° 1 : un passif par un passif

Bien sûr, quand cela est possible, c'est finalement la façon la plus simple.

- **This book was written by my English teacher.**
  Ce livre a été écrit par ma prof d'anglais.

Mais le passif est beaucoup plus courant en anglais qu'en français, et il y a même des fois où il n'est carrément pas possible en français. On sera obligé dans ce cas d'avoir recours à d'autres solutions.

Solution n° 2 : « on »

Le pronom impersonnel « on » indique qu'on ne sait pas qui accomplit l'action ou que l'identité exacte de cette personne n'a pas d'importance... Exactement comme quand, en anglais, on décide de ne pas mentionner le complément d'agent pour les mêmes raisons.

- **I was told that you had a new car.**
  On m'a dit que vous aviez une nouvelle voiture. (On ne s'intéresse pas à l'identité de la personne qui a rapporté les paroles.)

Solution n° 3 : les tournures impersonnelles

On utilise souvent des tournures impersonnelles pour traduire des phrases passives contenant des modaux : « Il faut (que)…, Il est possible que…, Il est peu probable que… ».

- **These plants must be watered twice a week.**
  Il faut arroser ces plantes deux fois par semaine.

Solution n° 4 : les verbes pronominaux

Certains verbes pronominaux français se traduisent par des passifs en anglais.

- **This isn't done!**
  Ça ne se fait pas !
- **I don't know how his name is pronounced.**
  Je ne sais pas comment son nom se prononce.

Solution n° 5 : la forme active

Il n'y a parfois pas d'autre solution en français que de repasser par une voix active. Le point de vue change un peu, mais le sens est toujours là.

- **I was told the truth by Mike.**
  Mike m'a dit la vérité.

ATTENTION !

Alors qu'en français le verbe « naître » ne s'utilise qu'à la voix active, on utilisera en anglais le verbe **bear** (donner naissance) à la voix passive. Cela revient au même, mais là encore, c'est une question de point de vue : qui fait vraiment le travail, au moment de la naissance ?

- **Elle est née en 1975.**
  She was born in 1975.

Chapitre 16

Discours direct et indirect

Dans ce chapitre :

- Rapporter une affirmation
- Rapporter des questions
- Et pour les ordres et interdictions ?

Quand on veut raconter ce que quelqu'un a dit, il y a deux manières de procéder : le style direct (« Je suis fatigué », dit-il) et le style indirect (Il a dit qu'il était fatigué). Dans le premier cas, vous ouvrez les guillemets et répétez exactement les paroles prononcées. Dans l'autre cas, vous prenez en charge ces paroles – et du coup vous adaptez le temps, les pronoms, etc. C'est le passage du style direct au style indirect que nous allons voir dans ce chapitre.

Rapporter une affirmation

Les verbes introducteurs

Bien entendu, pour rapporter des paroles, on aura besoin d'un verbe « introducteur ». Le plus courant, c'est le verbe **say** (dire), mais il y en a bien d'autres qui permettent de donner des précisions sur la façon dont les paroles ont été dites.

admit	admettre
state	affirmer
add	ajouter

warn	avertir
advise	conseiller
declare	déclarer
ask	demander
tell/say	dire à
hope	espérer
explain	expliquer
forbid	interdire
mention	mentionner
order	ordonner
think	penser
protest	protester
report	rapporter
answer/reply	répondre
exclaim	s'exclamer

Say ou **tell**, c'est toujours « dire » ! En anglais, on ne peut pas les employer de la même façon.

Avec **say**, on ne mentionne pas obligatoirement l'interlocuteur et, si on le fait, il est précédé de la préposition **to**.

- **He said to his parents (that) he had had a good mark.**
  Il a dit à ses parents qu'il avait eu une bonne note.

Avec **tell,** on cite l'interlocuteur (celui à qui on a rapporté les paroles), et le nom ou le pronom est placé immédiatement après **tell**.

- **He told his parents he had had a good mark.**
  Il dit à ses parents qu'il avait eu une bonne note.

On peut aussi utiliser **tell** dans des expressions figées comme :

tell the truth	dire la vérité
tell a story	raconter une histoire
tell the time	dire l'heure

On n'oublie pas d'adapter le verbe !

Parfois les paroles sont répétées à peu près au moment où elles ont été prononcées. Dans ce cas, le verbe introducteur est au présent et il n'y a pas besoin de modifier le verbe, tout va bien.

- **Granddad! This man is asking you where your glasses are!** Papy ! Le monsieur te demande où sont tes lunettes !

Mais souvent on répète les paroles des gens à un autre moment, et dans ce cas le verbe introducteur est au passé. On appliquera le même type de concordance des temps qu'en français.

Les verbes au présent sont mis au prétérit.

- **"I'm hungry." → Thibaud said he was hungry.** Thibaud a dit qu'il avait faim.

Les verbes au prétérit simple ou au present perfect sont mis au past perfect.

- **"I have bought a new rat." → Mathilde announced she had bought a new rat.** Mathilde a annoncé qu'elle avait acheté un nouveau rat.

Si la forme verbale contient un modal, celui-ci est également modifié : on utilise leur forme passée, ou on utilise un équivalent que l'on met au passé.

- **I'll go with you. → She promised she would come with me.** J'irai avec toi. → Elle a promis de venir avec moi.
- **You must call first. → He said we had to call first.** Vous devez appeler d'abord. → Ils ont dit que nous devions appeler d'abord.

Les autres modifications

Il n'y a pas que le verbe qui change… En rapportant les paroles, on change de point de vue ! On peut avoir à changer le lieu (eh bien oui, on a le droit d'avoir bougé, depuis !), les marqueurs temporels (le temps peut avoir passé, on peut avoir changé de jour, de mois, d'année) et tout ce qui renvoie aux personnes (pronoms personnels, possessifs, etc.). Tout cela a l'air un peu compliqué… mais c'est vraiment comme en français.

I'll call my parents. → He said he would call his parents.
J'appellerai mes parents. → Il a dit qu'il appellerait ses parents.

Quelques marqueurs de temps et de lieu

– **here** (ici) → **there** (là-bas)

– **now** (maintenant) → **then** (à ce moment-là)

– **yesterday** (aujourd'hui) → **the day before** (la veille)

– **tomorrow** (demain) → **the next day** (le lendemain)

✓ **I met her yesterday. → She said she had met him the day before.**
Je l'ai rencontré hier. → Elle a dit qu'elle l'avait rencontré la veille.

Rapporter des questions

On utilisera un verbe introducteur : **ask, wonder, want to know,** etc. Et on fait les mêmes modifications de verbes, de pronoms ou de marqueurs que pour les phrases affirmatives.

On reprend le mot interrogatif s'il y en a un.

✓ **Where were you? → He asked where we were.**
Où étiez-vous? → Il a demandé où nous étions.

S'il n'y a pas de mot interrogatif (question fermée), on ajoute **if**.

✓ **Did you see my sister? → He asked if I had seen his sister.**
As-tu vu ma sœur ? Il demanda si j'avais vu sa sœur.

ATTENTION !

Comme en français, quand on rapporte une question, l'ordre des mots est le même que dans une affirmation (le sujet reprend sa place).

- **Do you want a cup of tea? → He asked me if I wanted a cup of tea.**
  Voulez-vous une tasse de thé ? → Il me demanda si je voulais une tasse de thé.

Et pour les ordres ou interdictions ?

Là encore, tout est une question de choix du verbe introducteur, pour le reste, pas (trop) de changement. On fera précéder le verbe qui exprime la consigne de **to** ou de **not to** ;

- **Leave me alone! → She told him to leave her alone.**
  Laisse-moi tranquille ! → Elle lui a dit de la laisser tranquille.
- **Don't move! → He told us not to move.**
  Ne bougez pas ! → Il nous a dit de ne pas bouger.

Chapitre 17

Les relatives

Dans ce chapitre :

- Humain ou non : choisir le bon relatif
- Les autres relatifs

Allons bon, les relatives, maintenant… À quoi cela peut-il bien servir ! Eh bien, les relatives sont très utiles, elles permettent de préciser ce dont on parle en évitant d'avoir à répéter quinze fois la même chose.

Imaginons que vous vous promenez dans la rue et vous voulez parler d'un des passants à un ami. Comment savoir de qui vous parlez ? Bien sûr, vous pouvez utiliser des adjectifs : « le grand homme brun là-bas ». Mais cela ne suffit pas s'il y a beaucoup de monde. Vous allez devoir donner d'autres précisions : « l'homme qui sort du magasin », « le magasin où nous étions il y a cinq minutes ». Dans ces deux phrases, vous avez utilisé des relatifs… Rien de bien extraordinaire, finalement !

Humain ou non : choisir le bon relatif

Pour définir un être humain

A priori, si l'antécédent (l'élément que l'on précise) est un être humain, on utilise le relatif **who**.

- **Thomas Edison is the man who invented electric bulbs.**
  Thomas Edison est l'homme qui a inventé les ampoules électriques.

Dans l'exemple ci-dessus, le relatif **who** est le sujet de **invented**. Dans le cas où le relatif est complément, on choisira la plupart du temps de le remplacer par **that** ou – encore mieux – de ne rien mettre du tout.

- **The girl (that) you have met is Mary's sister.**
  La fille que tu as rencontrée est la sœur de Mary.

Pour définir un objet ou un animal

S'il s'agit de définir un élément non humain (animal, objet, idée), on choisira le relatif **which** (ou **that**).

- **Bring me the book which/that is on the table, please.**
  Apporte-moi le livre qui est sur la table, s'il te plaît.

Dans l'exemple ci-dessus, le relatif est sujet de **is**. Quand le relatif est complément, il est possible (même préférable) de ne pas le mettre du tout, pour alléger la phrase.

- **The book I have just read was written by S. Meyer.**
  Le livre que je viens de lire a été écrit par S. Meyer.

GROS PLAN

Comment faire s'il y a une préposition ?

En français, si la relative comporte une préposition, on la met devant le relatif, comme dans la phrase, « La personne à qui j'ai adressé un message ». En anglais, on fait simple : on renvoie la préposition à la fin de l'énoncé, derrière le verbe.

- **The man you were speaking to is my best friend.** L'homme à qui tu parlais est mon meilleur ami.
- **The painting you were looking at is by William Blake.**
  La peinture que tu regardais était de William Blake.

D'autres relatifs

À qui, dont

Pour indiquer une relation de possession entre l'élément qu'on définit (l'antécédent) et un autre élément, on utilise le relatif **whose** suivi de l'élément possédé.

- **This boy, whose mother is a teacher, hates school.**
  Ce garçon, dont la mère est professeur, déteste l'école.
- **This is the student whose cell phone was stolen.**
  C'est l'élève dont le téléphone portable a été volé.

ATTENTION !

Whose se traduit par « dont », mais le mot français « dont » a bien d'autres traductions s'il ne s'agit pas d'une relation de possession.

- **The man you are talking about.**
  L'homme dont vous parlez. (Ici « dont » est équivalent à « à propos de qui ». Il n'indique pas la possession.)

Whose ne s'utilise que pour les personnes ou institutions : on peut dire **the man whose, the city whose**, etc., mais pas the ~~**book whose**~~.

- **The book with a red cover.**
  Le livre dont la couverture est rouge.

Où… l'endroit où

Pas difficile ! C'est comme en français : on dit « le lieu où »… Quand l'antécédent renvoie à un lieu, on utilise **where**.

- **The city where I live is very nice.**
  La ville où je vis est très jolie.

Où… le moment où

En français, on dit « l'année où », ou « le jour où ». En anglais, on fait référence à une date ou un moment avec **when**.

- **It was in 2008, the year when Obama was elected president.**
  C'était en 2008, l'année où Obama fut élu président.

La raison pour laquelle

Pas de choix à faire ici : pour développer une cause, on utilise l'expression **the reason why.**

- **The reason why he left is that it was starting to rain.**
  La raison pour laquelle il est parti, c'est qu'il commençait à pleuvoir.

Ce que, ce qui…

Pour annoncer quelque chose que l'on développera ensuite, on utilisera le relatif **what**. Il se traduit par « ce qui » ou « ce que » en français.

- Ce que je préfère, c'est les vacances
  What I prefer is holidays.

- **He did not like what he saw.**
  Il n'a pas aimé ce qu'il a vu.

Chapitre 18

Les prépositions

Dans ce chapitre :

- Préciser le temps
- Préciser le lieu
- Autres circonstances
- Et si on comparaît avec le français ?

Petits, mais costauds ! Il existe en anglais (en français aussi, mais ce n'est pas ce qui nous intéresse pour l'instant) de tout petits mots qui ont une grande importance dans nos phrases, car ils donnent des informations précieuses sur les circonstances d'une action, comme la localisation, la manière, le temps, le moyen, etc.

Et pourtant ces mots si utiles sont vraiment très petits, parfois deux lettres simplement ! On les appelle les prépositions… Grâce à elles, vous pourrez donner à vos interlocuteurs toutes les précisions que vous souhaitez sur les circonstances des événements que vous racontez !

Le temps

Quel jour ? Quelle heure ?

Pour choisir la préposition qui donnera des précisions sur le moment d'un événement, on a l'embarras du choix… Tout dépend du type de complément que l'on veut introduire.

In devant une année ou une période de la journée

- **He left the country in 2001.**
  Il a quitté le pays en 2001.
- **I usually go shopping in the morning.**
  Je vais généralement faire les courses le matin.

On devant un jour

- **I will call you on Monday.**
  Je t'appellerai lundi.

At devant une heure

- **The lesson starts at 10:45.**
  Le cours commence à 10 h 45.

Il y a : ago

Ago indique à quel moment dans le passé remonte l'événement dont on parle. On calcule le temps qui s'est écoulé depuis le moment où l'événement a eu lieu.

- **He met my mother three weeks ago.**
  Il a rencontré ma mère il y a trois semaines.

ATTENTION !

Il se prend pour qui, ce **ago** ?

D'abord, on ne sait trop par quelle lubie, un peu de snobisme certainement, **ago** ne se place pas, comme tout le monde, devant le complément, mais après !

- **He left two days ago.**
  Il est parti il y a deux jours.
  Et non pas ~~***ago two days…**~~

En plus, s'il se traduit tout simplement par la tournure française « il y a », il ne marche que pour le temps ! Dans les autres cas, on dit **there is/there are**.

- **A very long time ago, there were dinosaurs.**
  Il y a bien longtemps, il y avait des dinosaures.

Et ça fait longtemps ?

Pour répondre à cette question on a un seul mot en français, « depuis », qui indique le temps écoulé. C'est *a priori* très simple… Eh bien non, méfions-nous !

Devant une indication de durée (des heures, des années, des siècles, etc.) on utilise **for,** associé à un verbe au present perfect. On indique ainsi que l'événement n'est pas terminé.

- **I have been working for two hours.**
  Je travaille depuis deux heures ! (Remarquez qu'en français le verbe est au présent.)

For pourra aussi être utilisé avec du prétérit pour donner une indication de durée, mais dans ce cas, il sera traduit par pendant et indiquera que l'action est terminée.

- **I lived in England for five years.**
  J'ai habité à New York pendant cinq ans.

Pour situer un événement à l'intérieur d'un autre (pendant les vacances, pendant la guerre, pendant le voyage, pendant un séjour, etc.), on choisira **during**.

- **I was sick during the crossing to Dover.**
  J'ai été malade pendant la traversée vers Douvres.

Pour introduire le point de départ (date ou moment) d'un événement – mais en laissant à notre interlocuteur le plaisir de calculer la durée –, on choisira **since**. L'action n'étant pas terminée, forcément, le verbe sera également au present perfect.

- **She has been playing on her computer since 3 a.m.**
  Elle joue sur son ordinateur depuis 3 h du matin. (Comme avec **for**, le temps du verbe en français est le présent.)

On peut aussi choisir de délimiter les bornes d'une période de temps. Dans ce cas-là, on utilisera les deux prépositions **from** et **to.**

- **The store is open from 9 to 7.**
  Le magasin est ouvert de 9 h à 19 h.

Si on ne mentionne pas le point de départ, on utilise **till** ou **until** (qui sont équivalents).

- **I'll stay until Monday.**
  Je vais rester jusqu'à lundi.

Le lieu

On bouge, ou pas ?

On n'utilise pas les mêmes prépositions suivant que l'action est statique (il n'y a pas de mouvement) ou dynamique (il y a un mouvement). Encore une différence avec le français !

- **He is watching TV in his bedroom**
  Il regarde la TV dans sa chambre.
- **She rushed into the kitchen.**
  Elle se précipita dans la cuisine.

À

At pour indiquer où on se trouve.

- **David is not here. He is at school.**
  David n'est pas ici. Il est à l'école.

To avec un verbe de mouvement.

- **David goes to school by bus.**
  David va à l'école en bus.

Dans

In pour indiquer où on se trouve.

- **Look at this tiger. It's walking in its cage**
  Regarde ce tigre. Il marche dans sa cage.

Into avec un verbe de mouvement.

- **Look at this tiger. It's walking into its cage**
  Regarde ce tigre. Il entre dans sa cage.

De... à...

From pour indiquer la provenance ou l'origine.

- **This is a present from Maria. It comes from Spain.**
  Ceci est un cadeau de Maria. Il vient d'Espagne.

To pour indiquer une direction ou une destination.

- **This is a present for your mother. Take it to Spain.**
  Ceci est un cadeau pour ta mère. Emporte-le en Espagne.

GROS PLAN

Up indique un mouvement ou une localisation vers le haut.

Down indique un mouvement ou une localisation vers le bas.

- **She walked up and down the street all morning.**
  Elle monta et descendit l'avenue toute la matinée.

D'autres prépositions de lieu

above	au-dessus de
across	à travers, de l'autre côté de
along	le long de
around	autour de
behind	derrière
below	au-dessous de
between	entre
in front of	devant
near/close to	près de
next to	à côté de
off	au large de/éloigné de
on	sur, dans (un bus, un train...)
opposite	en face de
over	par-dessus
to(wards)	vers
under	sous

GROS PLAN

Les Anglais ne font décidément rien comme nous… Ils indiquent d'abord le mouvement, puis le résultat ou la direction du mouvement, alors que chez nous, c'est exactement l'inverse ! En même temps, à quoi s'attendre de la part de gens qui roulent à gauche…

- **She ran down the stairs.**
  Elle descendit les escaliers en courant.
- **He sailed across the Atlantic.**
  Il a traversé l'Atlantique à la voile.

D'autres prépositions

because of	à cause de
instead of	au lieu de
with	avec
like	comme
against	contre
as	en tant que
except for	excepté
thanks to	grâce à
by	par
for	pour
without	sans

ATTENTION !

On ne traduira pas « pour » de la même façon, selon qu'il est suivi d'un (pro)nom (pour maman) ou d'une proposition et qu'il exprime le but (pour faire du vélo).

- **This is a flower for you. I bought it to show I love you.**
  Voici une fleur pour toi. Je l'ai achetée pour montrer que je t'aime.

Verbes et prépositions

Parfois, c'est comme en français

Certains verbes (dits transitifs indirects) sont suivis d'un complément introduit par une préposition.

- **This book belongs to my brother.**
  Ce livre appartient à mon frère.
- **He agreed to come.**
  Il a accepté de venir.

Ça y ressemble, mais ce n'est pas pareil

Ce n'est pas toujours aussi simple ! Certains verbes ont la même construction, mais avec des prépositions différentes. On ne peut vraiment se fier à rien !

depend on	dépendre de
laugh at	se moquer de
look after	s'occuper de
look like	ressembler à
think about/of	penser à
speak about	parler de
suffer from	souffrir de

Et en plus ça change !

Certains verbes changent de sens selon la préposition qui les suit.

look at	regarder
look after	s'occuper de
look out	faire attention
look for	chercher
look like	ressembler
look up	lever les yeux

Direct en français, indirect en anglais

Certains verbes ne prennent pas du tout de préposition en français, mais leur équivalent anglais en impose une.

- **He looked at his mother.**
  Il regarda sa mère.

approve of	approuver
ask for	demander
comment on	commenter
cut down on	réduire
listen to	écouter
look at	regarder
look for	chercher
pay for something	payer quelque chose
wait on somebody	servir quelqu'un

Indirect en français, direct en anglais

Certains verbes ont besoin d'une préposition en français mais leur équivalent anglais n'en a pas.

- **I need you. Listen to me.**
  J'ai besoin de toi. Écoute-moi.

answer	répondre à
enter	entrer dans
need	avoir besoin de
obey	obéir à
remember	se souvenir de
phone	téléphoner à
trust	faire confiance à
use	se servir de

Chapitre 19

Les adverbes

Dans ce chapitre :

- Reconnaître et fabriquer un adverbe
- Utiliser un adverbe dans une phrase
- Les différents types d'adverbe

Les adverbes sont très pratiques pour donner des précisions sur une action ou sur son déroulement. Ils permettent aussi souvent de deviner les sentiments de celui qui parle… Par exemple si je dis « Mathilde arriva et embrassa son père », vous ne savez rien de la situation de Mathilde. Alors que si je vous dis « Mathilde arriva enfin et embrassa soudain son père », vous pouvez deviner plein de choses !

Les adverbes nous permettent de préciser ou d'articuler notre pensée, de l'enrichir pour expliquer ou convaincre.

Les adverbes, mode d'emploi

Pour tout modifier

Les adverbes servent à nuancer, à faire passer un point de vue, à atténuer ou modifier le sens d'un mot ou d'une idée. Avec un adverbe, on peut modifier beaucoup de choses : un adjectif, un autre adverbe, un verbe, un groupe nominal et même une phrase entière !

- **I am sincerely sorry.**
  Je suis sincèrement désolée. (**Sincerely** modifie l'adjectif **sorry**.)

- **He quickly swallowed his sandwich.**
  Il avala rapidement son sandwich. (**Quickly** modifie le verbe **swallow**.)
- **They never invite anybody.**
  Ils n'invitent jamais personne. (**Never** modifie toute la phrase.)

On t'a reconnu !

De la même façon qu'en français, on reconnaît souvent les adverbes à leur terminaison « -ment » ; en anglais, de nombreux adverbes sont formés à partir d'adjectifs auxquels on ajoute **-ly.** C'est souvent le cas pour les adverbes de manière.

fortunate → fortunately	heureusement
frequent → frequently	fréquemment

Certains adjectifs se terminent par **-y**, **-ble** ou **-ic**. Difficile d'y accoler directement la terminaison **-ly** ! Alors on s'adapte.

happy → happily	heureusement
possible → possibly	possiblement
optimistic → optimistically	de façon optimiste

On peut former un adverbe en partant d'un participe passé ou d'un participe présent. En français, on est parfois obligé de recourir à une périphrase.

supposed → supposedly	soi-disant
interesting → interestingly	ce qui est intéressant

- **Interestingly, there is no equivalent in French.**
  Ce qui est intéressant, c'est qu'il n'y a pas d'équivalent en français.

Il n'est pas toujours possible de former un adverbe en partant de n'importe quel adjectif : par exemple, ~~**bigly**~~ n'existe pas.

Il ne faut pas se laisser abuser par certains mots qui se terminent par **-ly** et ne sont pas pour autant des adverbes.

friendly	amical
lonely	solitaire

Tous les adverbes cependant ne se terminent pas en **-ly !** Certains ne sont pas dérivés d'autres mots. Pour ceux-là, pas de stratégie pour en deviner le sens : on les connaît ou on ne les connaît pas, tout simplement.

also	aussi
already	déjà
there	ici
besides	en plus

Les différents types d'adverbe

Les adverbes de manière

Ces adverbes, souvent terminés par **-ly**, sont les plus nombreux. Comme, en anglais, on ne sépare jamais un verbe de son complément d'objet, ils se placent généralement après le complément, mais on peut aussi les trouver entre l'auxiliaire et le verbe. Ils donnent des précisions sur la façon dont l'action s'est déroulée.

- **I don't get distracted easily.**
  On ne me déconcentre pas facilement.

Les adverbes de temps

Ils se placent en début ou en fin d'énoncé pour donner des informations sur le moment où se déroule l'action.

- **They'll start working tomorrow.**
  Ils commenceront à travailler demain.

Les adverbes de temps les plus courants

afterwards	ensuite
already	déjà
now	maintenant
today	aujourd'hui
soon	bientôt
still	encore
then	alors, ensuite
yesterday	hier
tomorrow	demain
today	aujourd'hui
tonight	ce soir

GROS PLAN

Difficile pour un francophone d'utiliser **still** et **yet** qui peuvent tous deux se traduire par « encore ». En fait, ce n'est pas si difficile qu'il y paraît.

Still est tourné vers le passé, il a le sens de « toujours ».

- **She is still sleeping.**
  Elle dort encore.

Yet est tourné vers l'avenir.

- **She is not sleeping yet.**
  Elle ne dort pas encore.

Les adverbes de lieu

On les trouve généralement en fin de proposition. Ils précisent, comme leur nom l'indique, le lieu où se déroule l'action.

- **I'm sure I left them here.**
  Je suis sûr de les avoir laissés ici.

Les adverbes de lieu les plus courants

above	au-dessus
ahead	devant
anywhere	n'importe où
aside	de côté
away	loin
behind	derrière
everywhere	partout
here	ici
in(side)	à l'intérieur
nowhere	nulle part
out(side)	dehors
somewhere	quelque part
there	là

Les adverbes de fréquence

Ils indiquent à quelle fréquence se produit l'action. On les place avant le verbe quand on utilise un temps simple, ou juste après le premier auxiliaire quand on utilise un temps composé.

- **She never travels! She has never been to Paris.**
  Elle ne voyage jamais ! Elle n'est jamais allée à Paris.

Les adverbes de fréquence les plus courants

never	jamais
rarely	rarement
sometimes	parfois
occasionally	de temps en temps
frequently	fréquemment
often	souvent
usually	d'habitude
always	toujours

Les adverbes de degré

Ils permettent de nuancer le degré et se placent généralement juste devant le mot qu'ils modifient.

- **It's so beautiful! But it's too loud, I can't hear you.**
  C'est tellement beau. Mais c'est trop fort, je ne t'entends pas.

Les principaux adverbes de degré

all	tout
almost	presque
enough	assez
just	juste
nearly	presque
only	seulement
quite	assez
really	vraiment
extremely	extrêmement

very	très
too	trop

ATTENTION !

Enough, qui se traduit par « assez », se place devant un nom, mais après un adjectif qu'il modifie.

- **Is it big enough? I don't have enough money.**
  Est-ce que c'est assez grand ? Je n'ai pas assez d'argent.

L'argumentation

On peut utiliser des adverbes pour organiser ses idées dans une discussion ou une argumentation, pour exprimer la conséquence.

- **I think, therefore I am.**
  Je pense, donc je suis.

Pour ajouter

additionally, besides	en plus
also	aussi

Pour exprimer la concession ou la restriction

actually	en fait
assuredly	certainement
nevertheless	cependant
still	et pourtant
though, yet	pourtant

Pour marquer l'opposition

contrary to	contrairement à

Pour terminer

finally	finalement

Les sentiments, opinions

Certains adverbes permettent d'indiquer ce que l'on pense.

- **It's rather expensive! Forunately, it's long-lasting.**
  C'est plutôt cher ! Heureusement, ça dure longtemps.

La similitude

Les adverbes permettent de marquer la ressemblance.

- **Come back as fast as you can**.
  Reviens aussi vite que tu peux.

Quatrième partie

Les mots et expressions que je dois connaître

Dans cette partie…

Dans cette partie, nous vous donnons une série d'expressions qui vous permettront de faire face à toutes les situations d'urgence que vous pouvez rencontrer dans la vie, que ce soit en voyage ou quand vous rencontrez un étranger qui n'a pas la décence de parler français comme tout le monde. Pas d'inquiétude, grâce à nous, et à cette partie, vous saurez toujours quoi dire au bon moment ! Allez-y, vous pouvez le dire… Merci, nous !

Chapitre 20

Moi, ma famille, mes copains

Dans ce chapitre :

- Je pense, donc je suis
- Attitudes et émotions
- Quand je rencontre quelqu'un
- Ma famille
- Mes copains

D'accord, ce n'est pas très poli de commencer par « moi »… Mais il faut que vous sachiez dire ce que vous pensez et qui vous êtes !

Et puis, vous ne vivez pas seul ! Quoi de plus important que la famille et les amis ? Bien sûr, vous avez besoin de votre famille pour vous conseiller et pour vous aider à devenir adultes – mais les copains ont une place à part ! On compte sur eux pour rire, pour sortir, pour parler – et on passe beaucoup de temps avec eux !

Je pense, donc je suis

I think, therefore I am

Commençons par le commencement ! Il faut choisir le bon mot pour parler de l'« esprit » ou de notre cerveau, cet organe qui nous est si utile…

– **The mind** se réfère à la faculté de penser.

– **The spirit** se réfère aux émotions… ou aux fantômes.

– **The soul** est équivalent au mot français « âme ».

– **The brain(s)** est équivalent au mot français « cerveau ».

– **The Holy Ghost** veut dire « le Saint Esprit » – et surtout pas « le saint fantôme » ! – car, vous le savez sans doute, **ghost** veut dire « fantôme ».

L'intelligence

Intelligence

clever	astucieux
common sense	bon sens
bright, brilliant	brillant
be able to	être capable de
skill	compétence
understand	comprendre
guess	deviner
fool	idiot
wise	sage
stupid	stupide
silly, dumb	sot

L'esprit... ouvert ou non ?

- **Be open-mided.**
  Avoir l'esprit ouvert.
- **Be narrow-minded.**
  Être borné.
- **He's got brains!**
  Il est très intelligent !

Penser
Thinking

knowledge	connaissance
be aware of	être conscient de
agree with	être d'accord avec
idea	idée
judgment	jugement
thought	pensée
realize	réaliser
know	savoir

Parler
Speaking

Il y a plusieurs mots qui se ressemblent… et il faut choisir le bon !

Speak – Choisissez ce mot quand on parle tout seul… ou quand on parle une langue.

> **He is a great speaker. He speaks English very well.**
> C'est un bon orateur. Il parle très bien anglais.

Talk – Choisissez ce mot pour une conversation.

> **Stop talking, please.**
> Arrêtez de bavarder, s'il vous plaît.

Say – Ce verbe équivaut à « dire ». Vous rapportez ce que quelqu'un a dit, soit au style direct, soit au style indirect. Généralement, on ne mentionne pas l'interlocuteur.

> **He said that he would be late. "I'll be late," he said.**
> Il a dit qu'il serait en retard. « Je serai en retard », dit-il.

Tell – Ce verbe équivaut aussi à « dire ». Vous rapportez ce que quelqu'un a dit, mais vous mentionnez l'interlocuteur.

- **She told me that she would be late.**
  Elle m'a dit qu'elle serait en retard.

argumenter	**argue**
discours	**speech**
hurler	**shout**
rester silencieux	**keep silent**
annoncer	**announce**
convaincre	**convince**
demander	**ask**
expliquer	**explain**
insister sur	**insist on**
mentionner	**mention**
plaindre (se)	**complain**
réclamer, affirmer	**claim**
répondre	**answer/reply**
suggérer	**suggest**

Attitudes et émotions
Attitudes and emotions

Le comportement
Behaviour

- **Behave yourself!**
  Tiens-toi bien !
- **It's not my fault. It's not fair!**
  Ce n'est pas ma faute. C'est pas juste !

bien élevé	**well-bred**
bonnes manières	**good manners**
conduire (se)	**behave**
élever, éduquer	**bring up**
être coupable	**be guilty**
être innocent	**be innocent**
avoir tort	**be wrong**
ennuyer (s')	**be bored**
épuisé	**exhausted**
étrange	**strange**
fou	**crazy, mad**
insolent	**cheeky**

Le caractère

- **Be good-tempered. / Be bad-tempered.**
  Avoir bon caractère. Avoir mauvais caractère.
- **Be in a good/bad mood.**
  Être de bonne/mauvaise humeur.

J'aime...
I like...

GRAMMAIRE

Les principaux verbes qui vous permettent de dire que vous aimez ou que vous n'aimez pas sont : **like** (aimer), **love** (adorer), **hate** (détester), **can't stand** (ne pas supporter).

Ils sont suivis :

- soit d'un nom : **I love music.** (J'aime la musique.)
- soit d'une forme V-**ing** : **I love reading.** (J'aime la lecture.)

Et le verbe complément en **-ing** peut lui-même avoir un complément.

- **I love reading detective novels.**
  J'adore lire des romans policiers.

agréable	**pleasant**
amical	**friendly**
cœur	**heart**
content	**glad/pleased**
heureux	**happy**
intéressant	**interesting**
joyeux	**joyful**
satisfait	**satisfied**
sentiment	**feeling**
sentir/se sentir	**feel**
surpris	**surprised**

- **She's so pleased with her new computer!**
  Elle est tellement contente de son nouvel ordinateur !
- **It's wonderful! It's fantastic! It's super!**
  C'est magnifique ! C'est formidable ! C'est super !
- **It's exciting!**
  C'est passionnant !
- **Margie is in love with Ben.**
  Margie est amoureuse de Ben.

GROS PLAN

Choisissez le bon verbe !

- **It looks great!**
  Ça a l'air superbe ! (Si on voit quelque chose.)
- **It sounds great!**
  Ça a l'air superbe ! (Si on entend parler de quelque chose.)

calme	**quiet**
courageux	**brave**
curieux	**curious**
fier de	**proud of**
gai, animé	**lively**
gentil	**nice**
honnête	**honest**
intéressant	**interesting**
malin	**clever**
optimiste	**optimistic**
prudent	**cautious**
respectueux	**respectful**

- **She is very sensitive. She is a sensible girl.**
  Elle est très sensible. C'est une fille sensée.

Je n'aime pas…
I dislike…

- **I can't stand that kind of music.**
  Je ne supporte pas ce genre de musique.
- **I hate swimming.**
  J'ai horreur de nager.
- **I don't feel like watching TV tonight.**
  Je n'ai pas envie de regarder la télé ce soir.
- **Get out of here!**
  Fiche le camp !
- **I am fed up with that situation!**
  J'en ai marre de cette situation.

- **I don't care. It's all the same to me.**
  Ça m'est égal. Je m'en fiche.
- **As you like. I don't mind.**
  Comme tu veux. Ça ne me dérange pas.
- **I don't mind doing the housework.**
  Cela ne me dérange pas de faire le ménage.

avoir très peur	**be frightened**
choqué	**shocked**
déçu	**disappointed**
dégoûté	**disgusted**
désolé	**sorry**
dur	**hard, tough**
ennuyé	**annoyed**
être en colère	**be angry**
être vexé	**be hurt**
frustré	**frustrated**
horrible	**awful**
horrifié	**horrified**
indifférent	**indifferent**
intrigué	**puzzled**
jaloux	**jealous**
nerveux	**nervous**
perturbé	**upset**
terrible	**terrible**
triste	**sad, miserable**

GRAMMAIRE

Vous trouvez beaucoup d'adjectif en **-ed** dans les listes ci-dessus. À tous ces adjectifs correspond un adjectif en **-ing** – qui a un sens différent. Comparez les exemples.

- **I was shocked and she was disgusted.**
  J'étais choqué et elle était dégoûtée.
- **It was shocking. It was disgusting.**
  C'était choquant. C'était dégoûtant.

Ma famille
My family

La famille proche
The nuclear family

femme, épouse	**wife**
fille	**daughter**
fils	**son**
frère	**brother**
grand-mère	**grandmother, grandma**
grand-père	**grandfather, granddad, grandpa**
grands-parents	**grandparents**
maman	**mum, mummy, mom (US)**
mari	**husband**
mère	**mother**
papa	**dad**
père	**father**
petite-fille	**granddaughter**
petit-fils	**grandson**
petit(s)-enfant(s)	**grandchild (grandchildren)**
sœur	**sister**

GROS PLAN

Les parents

Il y a deux traductions pour le mot « parents » :

- **parents** qui désigne le père et la mère ;
- **relatives** qui désigne tous les autres membres de la famille.

Mon fils, ma fille ; un garçon, une fille

Les mots **girl** et **daughter** se traduisent tous deux par « fille ». Mais girl s'oppose au mot **boy** (garçon), tandis que **daughter** s'oppose au mot **son** (fils).

Ma belle-mère, mon beau-père

Il faut bien choisir la traduction :

- **stepmother** pour l'épouse du père ;
- **mother-in-law** pour la mère du mari ou de l'épouse ;
- **stepfather** pour le mari de la mère ;
- **father-in-law** pour le père du mari ou de l'épouse ;
- **my in-laws** : mes beaux-parents.

La famille élargie
The extended family

cousin, cousine	**cousin**
jumeau	**twin**
neveu	**nephew**
nièce	**niece**
oncle	**uncle**
tante	**aunt**
demi-frère	**half-brother**

Figure 20-1 : **The Royal Family.**

Les âges de la vie
The ages of life

âge adulte	**adulthood**
adolescent (13/19 ans)	**teenager/teen/kid (US)**
adulte	**adult**
ancêtre	**ancestor**
bébé	**baby**
enfance	**childhood**
enfant	**child (plural : children)**
jeune	**young**
jeune (un)	**youth (a)**
jeune enfant (2/3 ans)	**toddler**

jeunesse	**youth**
personne âgée	**elderly person**
personne d'âge moyen	**middle-aged person**

CHEZ NOS VOISINS

Ménageons les personnes âgées !

Pour parler gentiment de votre arrière-grand-mère, vous utiliserez l'adjectif **elderly**. Mais si vous voulez régler un compte avec elle, vous utiliserez l'adjectif **old**.

A nice elderly lady
Une vieille femme sympa.

A crazy old man.
Un vieux fou.

À l'état civil
Marital status

adopter	**adopt**
célibataire	**single**
compagne, compagnon	**partner**
enceinte	**pregnant**
orphelin	**orphan**
tomber amoureux	**fall in love**
veuve/veuf	**widow/widower**

GROS PLAN

Attention à bien choisir entre **be** et **get**.

Be indique un état : on est fiancé, marié ou divorcé.

- **He is engaged; she is divorced; they are married.**
  Il est fiancé ; elle est divorcée ; ils sont mariés.

Get indique une action : on se marie ou on divorce.

- **We are getting married next summer.**
  On va se marier cet été.

Il y a deux mots pour traduire « mariage » :

- **wedding** pour la cérémonie,
- **marriage** pour la situation matrimoniale.

Mes copains
My friends

Copains, copines
Pals and mates

GROS PLAN

Le plus courant – et le plus neutre : **friend**.
D'autres mots plus familiers : **pal**, **mate** (UK), **buddy** (US), **chum**.

correspondant	**penpal**
colocataire	**roommate**
copain d'école	**school friend**
petit copain	**boyfriend**
petite copine	**girlfriend**
s'intégrer	**fit in**
bienveillant	**caring**
rupture	**breakup**
sortir avec quelqu'un	**date someone**
gentil	**kind**
pression des copains	**peer pressure**
se faire des amis	**make new friends**

Les activités entre copains

Things friends do

- **What shall we do tomorrow?**
  Qu'est-ce qu'on fait demain ?
- **What about going to the swimming pool?**
  Et si on allait à la piscine ?
- **I'd rather hang around the shopping centre.**
  Je préférerais aller traîner dans le centre commercial.
- **I feel like going to the football match.**
  J'ai envie d'aller au match de foot.
- **Mum, can I sleep over at Margie's?**
  Maman, je peux dormir chez Margie ?
- **Don't tell anybody about your friend's secrets.**
  Ne parle à personne des secrets de ton ami(e).
- **We play computer games together.**
  Nous jouons à des jeux d'ordinateur ensemble.
- **I love this guy. He keeps telling jokes.**
  J'adore ce mec. Il raconte des blagues tout le temps.
- **Tomorrow, I'm going to my friend's birthday party.**
  Demain, je vais à l'anniversaire de ma copine.
- **I get a lot of e-mails from my friends.**
  Je reçois beaucoup d'e-mails de mes copains.
- **We all have Facebook accounts.**
  Nous avons tous un compte Facebook.

traîner	**hang out**
sortir	**go out**
aller en voyage	**go on trips**
faire du vélo	**ride bikes**
faire du roller	**go rollerskating**
jouer aux cartes	**play cards**

Chapitre 21

Au collège, au lycée

Dans ce chapitre :

- L'école en Grande-Bretagne
- L'anglais dans la classe
- Le travail de classe
- Les matières et les examens

Vous passez une grande partie de votre temps au collège ou au lycée, donc vous avez besoin de pouvoir parler de tout ce qui s'y passe. Et peut-être aurez-vous la chance de recevoir des Britanniques dans votre école, d'échanger avec des correspondants par Internet, voire de bénéficier d'un échange scolaire… Dans tous ces cas, il faut connaître les mots et expressions relatifs à votre environnement.

L'école en Grande-Bretagne

Schools in Britain

Pas facile de parler de l'école en Grande-Bretagne, car les écoles ont une plus grande liberté d'organisation que les écoles françaises – et il y a de grandes différences entre les écoles publiques et les écoles privées. Mais il y a quand même un programme officiel (**curriculum**) et un organisme chargé d'évaluer les écoles.

En résumé

L'éducation en quatre étapes

Le système éducatif est divisé entre :
– l'école maternelle (**nursery school**) pour les enfants de 3 et 4 ans ;
– l'école primaire (**primary school**) pour les enfants de 4 à 12 ans ;
– l'école secondaire (**secondary school**) pour les jeunes de 11 à 18 ans ;
– le post bac (**tertiary education**).

professeur	**teacher**
personnel	**staff**
directeur	**head(master)**
directrice	**head(mistress)**
proviseur adjoint	**deputy head**
obligatoire	**compulsory**
professionnel	**vocational**
redoubler	**repeat (a class)**
enseigner	**teach**
apprendre	**learn**
école publique	**state school**
élève	**pupil**
délégué de classe	**class representative**
professeur des écoles	**school master**
professeur des écoles	**school mistress**
emploi du temps	**time table (UK)**
emploi du temps	**schedule (US)**
extra-scolaire	**extracurricular**

Figure 21-1 : British students.

CHEZ NOS VOISINS

Un rituel quotidien : *Assembly*

Dans de nombreuses écoles de Grande-Bretagne, tous les élèves de l'école se réunissent, avant le début des cours, pour l'**Assembly**. Les chefs d'établissement et les professeurs communiquent les informations de la journée, présentent les nouveaux élèves ou professeurs, commentent l'actualité ou des événements ou incidents survenus dans l'école (bagarres, vols, etc.). On y fait aussi de l'éducation à la citoyenneté.

Ensuite est prévu, dans de nombreuses écoles, un moment de prière collective – qui n'est pas obligatoire : les élèves peuvent quitter le hall s'ils le souhaitent.

Pas de problème pour s'habiller

Les élèves anglais portent l'uniforme dans la plupart des écoles, publiques ou privées.

Les défenseurs de l'uniforme ont des arguments nombreux : les parents économisent de l'argent, les élèves gagnent du temps le matin quand il faut s'habiller (surtout chez les ados) et… pas de discussion (« celle-là, elle porte ça »…).

bureau	**desk**
cloche	**bell**
cour	**playground**
craie	**chalk**
gymnase	**gym**
rang	**row**
récréation	**break (UK), recess (US)**
réfectoire	**dining hall, cafeteria**
sonner	**ring**
tableau	**blackboard**
vestiaire	**cloakroom**

GROS PLAN

Il ne faut pas confondre la salle de classe (**classroom**) avec votre classe, c'est-à-dire un groupe de 20 ou 30 élèves (**class**), ou avec le cours de math (**maths class**), ou encore avec la classe de seconde (**4th form** en Grande-Bretagne, **10th grade** aux États-Unis).

L'anglais dans la classe

Classroom English

Pour bien comprendre le cours d'anglais et donc progresser rapidement, il faut que vous sachiez exactement ce que le professeur attend de vous. Et puis, les situations de classe sont d'excellentes occasions de pratiquer votre anglais. Profitez-en.

Au début du cours

At the beginningof the class

- **Good morning! Good afternoon!**
  Bonjour !

- **Stand up./Sit down.**
  Levez-vous./Asseyez-vous.
- **Stand in a line.**
  Mettez-vous en rangs.
- **What day is it today?**
  Quel jour sommes-nous aujourd'hui ?
- **Who's missing today?**
  Qui est absent aujourd'hui ?
- **Mary's missing. She is sick.**
  Mary n'est pas là. Elle est malade.

Attention !

- **Come in.**
  Entrez. (*Si on est déjà dans la salle.*)
- **Go in.**
  Entrez. (*Si on est à l'extérieur de la salle.*)

- **I'm sorry.**
  Je suis désolé(e).
- **Sorry about that.**
  J'en suis navré(e).
- **Sorry I'm late.**
  Je suis désolé(e) d'être en retard.

Excuse me pour attirer l'attention de quelqu'un à qui on demande un renseignement ou on pose une question, à qui on demande de se pousser, de répéter, etc.

- **Excuse me. Could you tell me where the bus stop is?**
  Excusez-moi. Pourriez-vous me dire où est l'arrêt d'autobus ?

Le travail en classe
Class work

Votre kit de survie
Your survival kit

- **I don't know. I don't understand.**
  Je ne sais pas. Je ne comprends pas.
- **Can you help me, please?**
  Pouvez-vous m'aider, s'il vous plaît ?
- **Is this right or wrong?**
  Est-ce que cela est vrai ou faux ?
- **Am I right or wrong?**
  Ai-je tort ou raison ?
- **Can I/May I draw the curtains, please?**
  Est-ce que je peux tirer les rideaux ?
- **Can I go to the toilet, please?** (UK)
  Est-ce que je peux aller aux toilettes, s'il vous plaît ?

Les questions du professeur
The teacher's questions

- **Are you ready?**
  Vous êtes prêts ?
- **Are you with me?/Do you follow me?**
  Vous me suivez ?
- **Do you understand?**
  Vous comprenez ?
- **Who's next?**
  À qui le tour ?
- **Can you hear me?**
  Est-ce que vous m'entendez ?
- **Can you say that in English?**
  Pouvez-vous dire cela en anglais ?
- **What's the matter with you?/What's wrong with you?**
  Qu'est-ce qui se passe ?

Demander quelque chose
Asking for something

- **Can I have a pen, please?**
  Puis-je avoir un stylo, s'il vous plaît ?
- **Could you lend me your pen, please?**
  Peux-tu me prêter ton stylo, s'il te plaît ?
- **Can I borrow your book, please?**
  Est-ce que je peux emprunter ton livre, s'il te plaît ?

Demander un mot
Asking for a word

- **What is « gigantesque » in English?**
  Quel est le mot anglais pour « gigantesque » ?

- **What does "horrendous" mean?**
  Que signifie « horrendous » ?
- **How do you say « avion » in English?**
  Comment dit-on « avion » en anglais ?
- **How do you spell...?**
  Comment s'écrit... ?
- **How do you pronounce this word?**
  Comment se prononce ce mot-là ?

Demander à quelqu'un de répéter
Asking somebody to repeat

- **Can you repeat, please? Can you say that again, please?**
  Pouvez-vous répéter, s'il vous plaît ?
- **Pardon me. What did you say?**
  Pardon. Qu'avez-vous dit ?
- **One more time, please.**
  Encore une fois, s'il vous plaît.

Les consignes du professeur
The teacher's instructions

- **Open your books at page.../Turn to page.../Go to page...**
  Ouvrez votre livre page.../Allez à la page...
- **Look at question 5.**
  Regardez la question 5.
- **Listen to this.**
  Écoutez ceci.
- **Today, we'll learn how to...**
  Aujourd'hui, nous allons apprendre comment...
- **Let's check the answers.**
  Vérifions les réponses.

- **Put your hands up.**
  Levez le doigt.
- **Repeat after me.**
  Répétez après moi.
- **Everybody.**
  Tout le monde.
- **You have five minutes to do this.**
  Vous avez cinq minutes pour faire cela.
- **Come to the blackboard.**
  Venez au tableau.
- **Ask a question. Answer the question.**
  Posez une question. Répondez à la question.
- **Take a sheet of paper.**
  Prenez une feuille de papier.

ASTUCE

Les consignes de la liste ci-dessus s'appliquent aussi bien à un seul élève qu'à toute la classe, puisque l'anglais ne connaît pas le tutoiement.

Les consignes à l'écrit
Written instructions

- **Pick out the word which means…**
  Relevez le mot qui signifie…
- **Find the opposite of…**
  Donnez le contraire de…
- **Find the clues.**
  Trouvez les indices.
- **Tick the right answer.**
  Cochez la bonne réponse.
- **Circle the right word.**
  Entourez le bon mot.

- **Underline the adjective(s) that correspond(s) to...**
  Soulignez les adjectifs qui correspondent à…
- **Right or wrong?/True or false?**
  Vrai ou faux ?
- **Match the words to the definitions.**
  Faites correspondre les mots aux définitions.
- **Fill in the blanks (with words from the text).**
  Complétez avec des mots du texte.
- **Complete the prompts.**
  Complétez les amorces.
- **Sum up in one sentence.**
  Résumez en une phrase.

Les encouragements du professeur
The teacher's encouragements

- **Try again!**
  Essaie encore !
- **Good! Very Good!**
  Bien ! Très bien !
- **That's right. That's Correct!**
  C'est vrai. C'est correct !
- **OK! I agree with you.**
  Je suis d'accord avec toi/vous.
- **That's better! Much better!**
  C'est mieux ! Beaucoup mieux !
- **Well done! Good job! You're a champion!**
  Bravo ! Tu es un champion !

Les compliments

Very good! Great!	Très bien !
Lovely!	Très bien !
Great!/Super!	Super !
Fantastic!/Wonderful!	Magnifique !
Brilliant!/Excellent!	Excellent !
That's right!	C'est juste !
That's it!	C'est cela !
Correct!	Correct !
Perfect!	Parfait !

Les gronderies du professeur
The teacher's scolding

- **Pay attention, everybody.**
  Attention, tout le monde.
- **One at a time, please!**
  Un seul à la fois, s'il vous plaît !
- **Speak up !/Speak louder!**
  Parlez plus fort !
- **Be quiet!/Hush!**
  Faites le silence !/Chut !
- **Wake up!**
  Réveillez-vous !
- **Be careful!**
  Faites attention !
- **Stop talking.**
  Arrêtez de bavarder.

Les matières et les examens
Subjects and exams

Les disciplines
Subjects

Vous retrouverez facilement les disciplines dans cette liste officielle puisque presque tous les mots sont transparents.

English, Maths, Science, Design and technology (dessin industriel), **Information Technology** (IT) (informatique), **History**, **Geography**, **Foreign languages** (langues étrangères), **Art and design**, **Music**, **Citizenship** (citoyenneté), **Physical education**.

Schools also have to provide (offrir): **Careers education and guidance** (orientation), **Sex and Relationship Education (SRE), and Religious education**.

Les examens
Exams

Les GCSEs

À 15 ans, les élèves passent un examen à peu près équivalent au Brevet des Collèges : les **GCSEs**. Chaque matière fait l'objet d'une évaluation séparée – donc on peut avoir son **GCSE** dans certaines matières et pas dans d'autres. On peut en passer jusqu'à dix.

Les A levels

Après les **GCSEs**, on peut quitter l'école ou continuer dans un lycée professionnel ou général.

Le lycée conduit à une série d'examens appelés **A-levels** (**A** est l'abréviation de **Advanced**).

test, devoir sur table	**test**
épreuve	**paper**
examen	**exam**
note	**mark** (UK), **grade** (US)
bonne note	**good mark**
mauvaise note	**bad mark**
note moyenne	**average mark**
réussir à	**pass**
passer un examen	**take an exam**
échouer à, rater	**fail**

ATTENTION !

Attention aux verbes **fail** et **pass**. Ils sont transitifs (c'est-à-dire qu'ils ont un complément d'objet direct).

- **I failed my GCSEs.**
  J'ai échoué au brevet.

Chapitre 22

On ne vit pas tout seul !

Dans ce chapitre :

- Rencontrer quelqu'un
- Communiquer
- Les médias

Toute une société nous entoure – et encore plus loin, le monde ! C'est pourquoi il nous faut communiquer, avec les gens que nous rencontrons, bien sûr, mais aussi avec ceux qui sont loin, grâce au téléphone, aux emails ou aux lettres. Et puis, il faut bien que nous nous tenions au courant grâce à la presse, à la radio, à la télévision ou à Internet. C'est tout le monde de la communication que nous allons aborder dans ce chapitre.

Rencontrer quelqu'un

Meeting someone

Saluer les gens

Greeting people

– Pour les copains :

Hello!/Hi!

– Plus formel, et selon l'heure de la journée :

Good morning!
Good afternoon!
Good evening!
Good night!

- **How are you doing? – I'm okay. Thanks.**
  Comment ça va ? – Ça va, merci.
- **How are you? – I'm fine, thank you.**
  Comment vas-tu ? – Très bien, merci.
- **How about you?**
  Et vous ?
- **What's up?**
  Quoi de neuf ?
- **It's good to see you.**
  Je suis content de te rencontrer.

CHEZ NOS VOISINS

Bonjour Monsieur/Bonjour Madame

Si vous rencontrez quelqu'un dont vous ne connaissez pas le nom – lors d'un stage dans un commerce, par exemple, vous direz ceci :

Good morning, Madam!
Good morning, Sir!

Si, en revanche, vous rencontrez un voisin ou un professeur que vous connaissez, vous choisirez cette expression plus familière :

Good morning Mrs. Turner!
Good morning Mr. Jones!

GROS PLAN

How do you do : une expression qui n'est pas vraiment pour vous car elle est formelle.

Mais il faut savoir qu'un adulte qui rencontre une personne pour la première fois dit **How do you do?** À cette fausse question, l'autre personne répond avec la même formule : **How do you do?**

ATTENTION !

Il ne faut pas confondre :

- **How are you doing?**
  Comment allez-vous ?
- **What are you doing?**
  Qu'est-ce que vous êtes en train de faire ?

Je me présente
Introducing myself

- **What's your name? My name is Pierre.**
  Comment vous appelez-vous ? Je m'appelle Pierre.
- **How old are you? – I'm 17 (years old).**
  Quel âge avez-vous ? – J'ai 17 ans.
- **When were you born? I was born on November the 5th.**
  Quand êtes-vous né(e) ? Je suis né(e) le 5 novembre.
- **Where do you live?**
  Où habitez-vous ?
- **Where are you from?**
  D'où venez-vous ?
- **Can you give me your address, please?**
  Pouvez-vous me donner votre adresse ?
- **What school do you go to?**
  À quelle école vas-tu ?
- **I only have one sister but I have three brothers.**
  Je n'ai qu'une sœur mais j'ai trois frères.
- **What does your father do? He works in a bank.**
  Que fait ton père? Il travaille dans une banque.

ATTENTION !

Pour donner l'âge, on utilise le verbe **be** – et jamais le verbe **have**.

- **How old is she? – She's 16 years old.**
  Quel âge a-t-elle ? – Elle a 16 ans.

Présenter quelqu'un
Introducing someone

- **Hi Jack. I'm Linda.**
  Bonjour Jack. Je suis Linda.
- **This is my friend, Jill.**
  Voici mon amie, Jill.
- **I'd like to introduce you to my best friend.**
  Je voudrais vous présenter à mon meilleur ami.

Communiquer
Communicating

Au téléphone
On the phone

allô	**hello**
annuaire	**phone book, directory**
appeler	**call**
composer	**dial**
décrocher	**lift up**
faux numéro	**wrong number**
numéro de téléphone	**telephone number**
pages jaunes	**yellow pages**

passer un coup de fil	**give a call**
raccrocher	**hang up**
rappeler	**call back**
répondeur	**answering machine**
sonner	**ring**
standardiste	**operator**
téléphone portable	**mobile phone, cell phone**
téléphoner à quelqu'un	**phone/ring**

- **Who is calling?**
  Qui est à l'appareil ?
- **Could I speak to Jane?**
  Puis-je parler à Jane ?
- **Is Jack in?**
  Est-ce que Jack est là ?
- **Hold on.**
  Ne quitte pas.
- **The line is busy!**
  C'est occupé !
- **I'll call back in ten minutes.**
  Je rappellerai dans dix minutes.
- **Please leave a message after the beep.**
  Laissez un message après le bip.

Par courrier

By mail

ATTENTION !

Vous dites tout le temps « j'ai reçu un mail » ou « je t'enverrai un mail ». Mais attention ! C'est au courrier postal que l'on pense en anglais quand on parle de **mail**. Pour le courrier électronique, il faut dire **e-mail**.

boîte aux lettres	**post box (UK), mail box (US)**
bureau de poste	**post office**
carte d'anniversaire	**birthday card**
carte postale	**postcard**
correspondant(e)	**pen-friend**
facteur	**postman**
faire suivre	**forward**
lettre	**letter**
poster	**post**
répondre	**reply**
timbre	**stamp**

CHEZ NOS VOISINS

Commencer une lettre

Si vous écrivez à un copain :
Dear Frank.

Si vous ne connaissez pas le nom de la personne à qui vous écrivez :
Dear Sir, Dear Madam.

Si vous connaissez le nom de la personne à qui vous écrivez :
Dear Mr, Mrs, Miss Smith.

Finir une lettre

Si vous écrivez à un copain :
Lots of love. Hugs and kisses. XOXO

Dans les autres cas :
Yours sincerely. Best wishes. Best regards.

Le courrier électronique
E-mail

expéditeur **sender**

adresse e-mail **e-mail address**

envoyer un e-mail **e-mail**

- **Enclosed you will find…**
  Vous trouverez ci-joint…

GROS PLAN

Certains acronymes sont internationalement utilisés lors des chats sur Internet ou dans les jeux en ligne. En voici quelques-uns des plus courants.

AFK (**Away from keyboard)** : Je ne suis plus devant mon clavier.

ASAP (**As soon as possible**) : Dès que possible.

BRB (**Be right back**) : Je reviens.

CUL8R (**See you later**) : À plus tard.

IRL (**In real life**) : Dans la vraie vie.

LOL (**Laugh out loud**) : Je ris !

OMG (**Oh my god** !) : Oh mon dieu !

Internet
The Internet

connecter (se) **log in**

en ligne **on line**

fournisseur d'accès **service provider**

lien **link**

mot de passe **password**

moteur de recherche **search engine**

page d'accueil **home page**

parcourir	**browse**
réseau	**network**
site web	**website**
surfer sur Internet	**surf the internet**
télécharger	**download**
toile	**web**

Le matériel informatique
Hardware

casque	**headset, headphone**
clavier	**keyboard**
disque dur	**hard disk**
écran	**screen**
fil	**wire**
haut-parleur	**speaker**
imprimante	**printer**
lecteur DVD	**DVD player**
mémoire	**memory**
micro	**microphone**
ordinateur de bureau	**desktop**
ordinateur portable	**laptop**
sans fil	**wireless**
son	**sound**
touche	**key**
webcam	**video camera**

Utiliser un ordinateur
Using a computer

allumer	**switch on**
brancher	**plug in**
charger	**load**
cliquer	**click**
envoyer	**send**
éteindre	**close**
ouvrir	**open**
recevoir	**receive**
rechercher	**search**
saisir	**type**
sauvegarder	**save**
sélectionner	**select**
supprimer	**delete**
trouver	**find**

CHEZ NOS VOISINS

Attention au clavier

La disposition des touches sur les claviers français dits « azerty » correspond à des spécificités françaises comme les accents ou la fréquence des lettres.

Dans les pays anglophones, les claviers utilisés sont dits « qwerty ». Un petit « truc » pour passer de l'un à l'autre, il vous suffit de taper « shift + alt » sur votre clavier…

Utiliser un logiciel
Using software

commande	**command**
copier/coller	**copypaste**
couper	**cut**
données	**data**
fichier	**file**
informatique	**computing**
logiciel	**software**
menu	**menu**
mettre à jour	**update**
numérique	**digital**
pirate informatique	**hacker**
tableur	**spreadsheet program**
traitement de texte	**word processor**
virus	**virus**

Les médias
The media

La presse
The press

hebdomadaire	**weekly**
illustré	**illustrated**
journal du matin	**morning/evening paper**
journal populaire	**tabloid**

mensuel	**monthly**
quotidien	**daily**
revue	**magazine**
supplément	**supplement**
abonner à (s')	**subscribe to**
éditer	**publish**
imprimer	**print**
kiosque à journaux	**news stall**
maison de presse	**newsagent's**
numéro	**edition**
paraître	**come out**
renseigner	**inform**

Figure 22-1 : British newspapers.

CHEZ NOS VOISINS

La presse de caniveau

Les tabloïdes britanniques, tels *The Sun* ou *The Daily Star* sont réputés pour leurs articles à scandale qui n'épargnent rien ni personne et jouent sur l'aspect racoleur des titres et des photos. Ils sont qualifiés de **gutter press**, presse de caniveau, par opposition au **quality papers** qui, au contraire, établissent leur réputation sur le sérieux de leurs articles.

Dans les journaux

Inside the papers

actualité	**current affairs**
article	**article**
colonne	**column**
compte rendu	**account**
éditorial	**leading article**
gros titres	**headlines**
informations	**news**
légende de photo	**caption**
nouvelle	**news item**
petites annonces	**small ads**
reportage	**report**
résumé	**summary**
une	**front page**

Les gens de la presse
Press people

agence de presse	**press agency**
éditeur	**publisher**
envoyé spécial	**special correspondent**
journaliste	**journalist**
lecteur	**reader**
reporter	**reporter**

La radio
The radio

- **Could you turn on the radio, please?**
  Peux-tu mettre la radio, s'il te plaît ?
- **What a noise! Turn down the volume!**
  Quel bruit ! Baisse le volume !

allumer	**turn on**
auditeur	**listener**
éteindre	**turn off**
haut-parleur	**loudspeaker**
longueur d'onde	**wavelength**

La télévision
Television

à l'antenne	**on air**
animateur	**host**
antenne parabolique	**satellite dish**
chaîne	**channel**

diffuser	**broadcast**
direct (en)	**live**
divertir	**entertain**
écran plat	**flat screen**
parabole	**satellite dish**
présentateur	**anchorman, anchorwoman**
programme TV	**TV program**
public	**audience**
regarder	**watch**
télécommande	**remote control**
téléspectateur	**viewer**
téléviseur	**TV set**

CHEZ NOS VOISINS

La BBC

La **British Broadcasting Corporation** (**BBC**) est un organe de production et de diffusion de programmes de radio et de télévision britannique. « **The Beeb** », qui bénéficie toujours d'une réputation de qualité, a détenu le monopole de la télévision au Royaume-Uni jusqu'en 1995, à l'arrivée de **ITV**.

Que sont les « patates de canapé » ?

L'expression **Couch potato** (qui signifie littéralement « patate de canapé ») désigne les gens qui restent plantés toute la journée devant leur télé, affalés sur leur canapé.

Les émissions

TV programmes

- **What's on TV tonight?**
  Qu'est-ce qu'il y a à la télé ce soir ?
- **Let's have a look at Channel 4.**
  Regardons la 4.

concours	**contest**
divertissement	**entertainment**
documentaire	**documentary**
feuilleton	**sitcom**
film	**movie**
informations	**news**
jeu télévisé	**quiz show**
journal télévisé	**newscast**
météo	**weather forecast**
pièce de théâtre	**drama**
programme	**program**
publicité	**commercial**
série TV	**soap opera, series**
spectacle	**show**
variétés	**variety show**

Chapitre 23

À la maison

Dans ce chapitre :

- L'extérieur de la maison
- L'intérieur de la maison
- Se loger

Les Anglais aiment leur maison, comme le montre un vieux dicton bien connu : **An Englishman's home is his castle** (La maison d'un Anglais, c'est son château).

Nous n'avons pas de dicton équivalent – et pourtant, on passe beaucoup de temps à la maison. C'est un lieu important pour tout le monde, surtout pour les jeunes qui aiment décorer leur chambre à leur goût – et y recevoir les copains. Si vous avez un correspondant anglophone, vous allez avoir envie de parler de votre maison pour faire comprendre comment vous vivez.

L'extérieur de la maison
Outside the house

House ou home ?

Ces deux mots se traduisent de la même façon en français. Mais **house** renvoie au bâtiment lui-même quand **home** évoque davantage la douceur du foyer.

- **I want to go home.**
  Je veux rentrer à la maison.

- **House for sale.**
  Maison à vendre.

Une histoire d'amour : le jardin

Pour les Anglais, le jardin est une tradition qui date du Moyen Âge – et c'est le petit jardin clos qui en est le modèle. Encore aujourd'hui, peu de Britanniques habitent en appartement ; ils préfèrent habiter une maison, avec un jardin, souvent tout petit.

abri de jardin	**garden shed**
arroser	**water**
banc	**bench**
clôture	**fence**
faire pousser	**grow**
haie	**hedge**
jardin de derrière	**backgarden**
jardin de devant	**frontgarden**
mauvaise herbe	**weed**
pelouse	**lawn**
planter	**plant**
potager	**kitchen garden**
serre	**greenhouse**
tondre	**mow**

GROS PLAN

Floor ou **ground** ? On choisit **ground** pour l'extérieur et **floor** pour l'intérieur.

Et **soil** ? C'est la qualité du sol : sol calcaire, argileux, etc.

- **Let's have a drink in the back garden.**
  Allons prendre un verre dans le jardin.
- **Could you pick up the dead leaves, please?**
  Peux-tu ramasser les feuilles mortes, s'il te plaît ?
- **It's time to mow the lawn.**
  Il est temps de tondre la pelouse.

La maison
The house

boîte aux lettres	**letter box**
cheminée	**chimney**
fenêtre	**window**
fermer à clé	**lock**
mur	**wall**
portail	**gate**
porte d'entrée	**front door**
porte-fenêtre	**french window**
serrure	**lock**
sonner	**ring the bell**
sonnette	**doorbell**
toit	**roof**
vitre	**window pane**
volet	**shutter**

CHEZ NOS VOISINS

Les maisons en Grande-Bretagne

Vous avez vu, dans les films, ces rues bordées de maisons toutes pareilles !

- **Terraced houses** – Des alignements de maisons accolées souvent en briques rouges, toutes identiques, à l'exception des portes multicolores, note par laquelle les propriétaires marquent leur originalité. Elles ont un étroit jardinet derrière.
- **Semi-detached houses** – Maisons accolées deux par deux, avec un petit jardinet devant.
- **Detached houses** – Plus rares, et seulement dans les quartiers riches, elles ont un jardin tout autour.
- **Cottages** – À la campagne, ces jolies maisons, souvent peintes en blanc, ont parfois un toit de chaume.

Figure 23-1 : **A wealthy suburban street.**

Les matériaux
Materials

Le matériau traditionnel, c'est la brique, associée à un toit de tuiles. Il y a peu de maisons en bois en Grande-Bretagne – mais aux États-Unis, elles sont monnaie courante, surtout en Nouvelle Angleterre (le Nord Est).

maison en bois	**wooden house**
maison en briques	**brick house**
maison en pierres	**stone house**
toit de tuiles	**tile roof**
toit d'ardoise	**slate roof**
toit de chaume	**thatched roof**
clôture en fer	**iron fence**

GROS PLAN

Remarquez l'ordre des mots dans la liste ci-contre ! Le nom important (ici, **roof** ou **house**) se place derrière le nom qui se réfère au matériau (et joue ici un rôle d'adjectif, donc il ne prend pas de -**s**). C'est un nom composé.

- **Look at this red tile roof.**
  Regarde ce toit de tuiles rouges.

L'intérieur de la maison
Inside the house

Presque toutes les maisons ont un étage. On trouve en bas les pièces de vie, salon, salle à manger et cuisine et, à l'étage, les chambres et la salle de bains.

Du rez-de-chaussée à l'étage
From the ground floor to the first floor

cave	**cellar**
en bas	**downstairs**
en haut/à l'étage	**upstairs**
escalier	**stairs**
étage	**floor, storey**
grenier	**loft, attic**
intérieur (à l')	**inside**
marche	**step**
palier	**landing**
pièce	**room**
rez-de-chaussée	**ground floor**

- **Come down, Johnny!**
  Descend, Johnny !

- **Where's your coat? – It's upstairs.**
  Où est ton manteau ? – Il est là-haut.
- **She ran upstairs.**
  Elle monta l'escalier en courant.

CHEZ NOS VOISINS

Basement

C'est l'étage d'un bâtiment qui se trouve en dessous du rez-de-chaussée – traditionnellement l'endroit où se trouvaient les cuisines dans les maisons bourgeoises ; le personnel devait donc pouvoir y accéder par un escalier extérieur. Ce sous-sol fait partie intégrante des maisons urbaines.

Premier étage et rez-de-chaussée

On s'y perd un peu. Le **ground floor** (rez-de-chaussée) n'existe qu'en Grande-Bretagne. Il s'appelle **first floor** (premier étage) aux États-Unis. Le premier étage sera donc appelé **first floor** en Grande-Bretagne, mais **second floor** aux États-Unis, et ainsi de suite. Une **three-storey house** en Grande-Bretagne sera donc appelée **four-storey house** aux États-Unis.

Ma chambre

My room

C'est mon domaine ! Important de pouvoir en parler.

- **I spend a lot of time in my room.**
  Je passe beaucoup de temps dans ma chambre.
- **I just love my room.**
  J'adore ma chambre.
- **Please, tidy up your room!**
  S'il te plaît, range ta chambre !
- **Hang your clothes in the closet.**
  Pends tes vêtements dans le placard.

- **Cindy! You haven't made your bed.**
  Cindy ! Tu n'as pas fait ton lit.
- **You should see my room! It's a real mess.**
  Il faudrait que tu voies ma chambre. C'est un vrai bazar.

armoire	**wardrobe**
bureau	**desk**
chaise	**chair**
chambre d'ami	**spare room**
commode	**chest of drawers**
étagère	**bookshelf**
lit	**bed**
placard	**closet**
poster	**poster**
rideaux	**curtains**
table de chevet	**bedside table**
tapis	**rug**

Sur mon lit
On my bed

couette	**duvet**
coussin	**cushion**
couverture	**blanket**
dormir	**sleep**
drap	**sheet**
être couché	**lie**
housse de couette	**duvet cover**
matelas	**mattress**
oreiller	**pillow**
sommeiller	**doze**
taie d'oreiller	**pillow case**

ATTENTION !

Le verbe **sleep** veut dire « dormir ». Il faut donc lui ajouter quelque chose pour dire « s'endormir » (**fall asleep**).

- **I fell asleep as soon as I was in bed.**
  Je me suis endormi dès que je me suis mis au lit.

Les autres pièces
The other rooms

- **Let's go to the dining room for dinner.**
  Allons dans la salle à manger pour le dîner.
- **Mum and Dad watching TV in the sitting room.**
  Papa et Maman regardent la télé dans le salon.
- **I get washed in the bathroom.**
  Je me lave dans la salle de bains.
- **We do the washing in the laundry.**
  Nous faisons la lessive dans la buanderie.

- **Dad cooks in the kitchen.**
  Papa fait la cuisine dans la cuisine.

buanderie	**laundry**
bureau	**study**
cuisine	**kitchen**
entrée	**hall**
escalier	**stairs**
plafond	**ceiling**
salle à manger	**dining room**
salle de bains	**bathroom**
sol, plancher	**floor**
toilettes	**toilet**

CHEZ NOS VOISINS

Où est la salle de bains ?

Dans les pays anglo-saxons, les toilettes sont généralement situées dans la salle de bains. Si une de vos copines vous demande **Where is the bathroom, please?**, comprenez qu'elle ne souhaite pas prendre une douche !

La cuisine
The kitchen

assiette	**plate**
bouilloire	**kettle**
couteau	**knife**
couverts	**cutlery**
cuillère	**spoon**
évier	**sink**
four	**oven**

fourchette	**fork**
lave-vaisselle	**dishwasher**
micro-ondes	**microwave**
placard	**cupboard**
plan de travail	**worktop**
plat	**dish**
réfrigérateur	**fridge**
robinet d'eau chaude	**hot water tap**
vaisselle	**dishes**

La salle à manger
The dining room

buffet	**sideboard**
chaise	**chair**
meubles	**furniture**
nappe	**tablecloth**
serviette	**napkin**
table	**table**

ATTENTION !

Furniture est un mot singulier, mais il renvoie à l'ameublement en général.

Pour dire « un meuble » : **a piece of furniture**.

Le salon
The living room

canapé	**sofa**
chauffage au gaz	**gas heating**
chauffage central	**central heating**

chauffage électrique	**electric heating**
fauteuil	**armchair**
lecteur de CD	**CD player**
poste de télévision	**television set**
rideau	**curtain**
salon	**living room/lounge**
table basse	**coffee table**
tableau	**picture**
tapis	**carpet/rug**
télé	**telly**

ATTENTION !

Ne pas confondre **the chimney**, que l'on trouve sur le toit des maisons, et **the fireplace**, qui se trouve à l'intérieur de la maison et dans laquelle on fera brûler des bûches (**logs**).

La salle de bains
The bathroom

baignoire	**bath**
brosse à cheveux	**hairbrush**
brosse à dents	**toothbrush**
dentifrice	**toothpaste**
douche	**shower**
gant de toilette	**face cloth**
lavabo	**washbasin**
laver (se)	**wash**
maquillage	**make-up**
maquiller (se)	**make up**
miroir	**mirror**
papier hygiénique	**toilet paper**

raser (se)	**shave**
rasoir	**razor**
savon	**soap**
serviette	**towel**
shampooing	**shampoo**

GROS PLAN

Les équivalents anglais de se laver, se raser, se maquiller, etc. sont à la fois transitifs et pronominaux. Donc, on ne traduit pas le pronom personnel (se, me, te, etc.).

- **He washes in the morning.**
  Il se lave le matin.

S'éclairer

Lighting

- **Please, turn the light on.**
  S'il te plaît, allume la lumière.
- **Don't forget to turn the light off when you go to bed.**
  N'oublie pas de fermer la lumière quand tu iras te coucher.

ampoule	**light bulb**
brancher	**plug in**
lampe	**lamp**
panne de courant	**power failure**
prise de courant	**plug**

CHEZ NOS VOISINS

Soyons au courant !

Aux États-Unis, le courant électrique est en 110 volts, et non en 220 volts, comme en Europe. Il est donc nécessaire d'emporter avec soi un transformateur (**power converter**) pour pouvoir brancher son chargeur de téléphone ou son ordinateur.

Comment est ta maison ?
What is your house like?

bien conçu	**well-designed**
clair	**light**
confortable	**comfortable**
délabré	**dilapidated**
grand	**large**
luxueux	**luxurious**
minuscule	**tiny**
sombre	**dark**

CHEZ NOS VOISINS

Le style anglais

Une moquette épaisse qui recouvre jusqu'aux marches des escaliers, des tapisseries et tissus à motifs floraux dans les tons vert, rose ou beige, et une profusion de bibelots, voici ce qui donne aux intérieurs anglais leur ambiance si feutrée, si **cosy**… si **British** !

Les travaux ménagers
Chores

- **Could you do the washing up, please?**
  Tu veux bien laver la vaisselle, s'il te plaît ?
- **This room is a real mess! Tidy it up, please.**
  Cette pièce est vraiment en désordre ! Range-la, s'il te plaît.

aspirateur	**vacuum cleaner**
balai	**broom**
balayer	**sweep**

chiffon	**duster**
cirer	**polish**
débarrasser la table	**clear the table**
désordre	**mess**
éponge	**sponge**
essuyer	**wipe**
faire la vaisselle	**do the washing up**
fer à repasser	**iron**
mettre la table	**lay the table**
poussière	**dust**
ranger	**put away, tidy up**
repasser	**iron**
sécher	**dry**

ATTENTION !

Le verbe faire se traduit par **make** ou **do** selon la tâche.

Make

Fais ton lit.	**Make your bed.**

Do

Fais ta chambre.	**Do your room.**
Fais le ménage.	**Do the housework**.
Fais la vaisselle.	**Do the washing up**.

Mais… faire les poussières : **Dust.**

Bricoler
Do it yourself

Comme chez nous, le bricolage est devenu une des activités favorites des Britanniques – particulièrement encouragée par une émission de télé-réalité, *Changing Rooms*, qui mettait en scène deux couples échangeant leur maison pour décorer à leur goût la maison de l'autre.

peindre/peinture	**paint**
tapisser	**paper**
meubler	**furnish**
bricolage	**DIY (do it yourself)**
papier peint	**wall paper**
outil	**tool**
marteau	**hammer**
tournevis	**screwdriver**
perceuse	**drilling machine**
pinceau	**brush**
clé à molette	**spanner**

Se loger
Housing

appartement	**flat (UK), apartment (US)**
colocataire	**flat mate/room mate**
colocation	**flat sharing**
loyer/louer	**rent**
meublé	**furnished**
posséder	**own**
propriétaire	**landlord**
studio	**studio**
garage	**garage**

- **There are lots of houses for sale.**
  Il y a beaucoup de maisons à vendre.
- **I'm looking for a flat to rent.**
  Je cherche un appartement à louer.

Pendre la crémaillère

En anglais, on réchauffe la maison !
Have a house-warming party.

Chapitre 24

En ville

Dans ce chapitre :

- Où habitez-vous ?
- Les points de repère
- Se déplacer en ville

Nous avons vu comment parler de l'école, de la maison et de la famille – il est temps maintenant de parler de l'environnement plus large, la ville.

Dans ce chapitre, vous apprendrez à en parler : dire où vous habitez, situer les lieux publics, nommer les bâtiments ou divers points de repère, et surtout, savoir ce qu'il faut dire pour se déplacer en ville : demander son chemin, prendre le bus ou le taxi, etc.

À la fin de ce chapitre, vous serez dans la ville comme un poisson dans l'eau !

Où habitez-vous ?

Where do you live?

Deux mots pour une ville

En Grande-Bretagne, on réserve plutôt le mot **city** pour faire référence à une très grande ville – mais on peut aussi utiliser le mot **town**.

- **York is a big town.**
  York est une grande ville.

Aux États-Unis, on emploie plutôt le mot **city**. Le mot **town** désigne plutôt une très petite ville (un bourg, chez nous).

Donner son adresse
Giving one's address

- **Where are you from? I'm from France.**
  D'où venez-vous ? Je viens de France.
- **In which city do you live? I live near London.**
  Dans quelle ville habitez-vous ? J'habite près de Londres.

CHEZ NOS VOISINS

Une adresse prestigieuse

Le chef du gouvernement britannique réside officiellement dans le quartier de Westminster, dans un bâtiment vieux de trois siècles. Son adresse complète figure ci-dessous, mais on dit souvent familièrement **Number 10** pour se référer au pouvoir (comme on dit chez nous « à l'Élysée » ou « à Matignon »).

Figure 24-1 : The Prime minister lives at 10 Downing Street. Le Premier ministre habite au 10 Downing Street.

- **What's your address? I live at number 72, Willen Street.**
  Quelle est votre adresse ? J'habite au 72 de la rue Willen.
- **He lives in a flat. (UK)**
  Il habite dans un appartement.

Les voies publiques
Public roads

allée	**alley, lane**
avenue	**avenue**
boulevard	**boulevard**
chaussée	**roadway**
grand-rue	**main street (US), high street (UK)**
impasse	**dead-end street (US), cul-de-sac (UK)**
route	**road**
rue	**street**
rue à sens unique	**one-way street**
ruelle	**lane**
trottoir	**pavement (UK), sidewalk (US)**
voie	**way**

CHEZ NOS VOISINS

Adresses en tous genres

Vous trouverez bien d'autres mots dans les adresses de vos correspondants. Ces mots vous donnent une idée de l'environnement dans lequel se trouve leur habitation.

- Pour une rue dans un quartier résidentiel : **row**, **park**, **gardens**, **drive**, **heights**, **terrace**, etc.
- Pour une rue en courbe : **curve** ou **crescent** ou même **circle**.
- Pour une impasse résidentielle : **court**, **close** ou **lane**.
- Pour une rue piétonne : **walk**.

Les quartiers
Areas

banlieue	**suburb**
district	**district**
centre-ville	**city centre, downtown**
ghetto	**ghetto**
pâté de maisons	**block**
quartier pauvre	**slum**
quartier	**area, neighbourhood**

GROS PLAN

Le mot **downtown** peut être :

un adverbe

- **Let's go downtown.**
  Allons en ville.

un adjectif

- **She's got an apartment in downtown Chicago.**
  Elle a un appartement dans le centre de Chicago.

un nom

- **It's located in the heart of Manchester downtown.**
  C'est situé au cœur de Manchester.

À chaque quartier sa personnalité !

animé	**lively**
désert	**deserted**
très peuplé	**crowded**
pittoresque	**picturesque**
quartier chic	**posh area**
résidentiel	**residential**
très sale	**filthy**

CHEZ NOS VOISINS

Centre-ville et banlieue

À la différence de la France où habiter dans le centre des villes est souvent réservé à des gens aisés, la connotation du « centre-ville » est différente en Grande-Bretagne et aux États-Unis.

On travaille en centre-ville, on y sort, on y fait ses courses, mais on y habite rarement. On habite plutôt dans les banlieues.

Notons que tout ceci est en train de changer et qu'à Londres comme dans les grandes villes de la côte est aux États-Unis, des « bobos » commencent à apprécier de vivre en centre-ville.

Les points de repère
Landmarks

Les endroits publics
Public places

caserne de pompiers	**fire station**
commissariat	**police station**
école	**school**
église	**church**
fontaine	**fountain**
gare	**train station**
hôpital	**hospital**
mairie	**city hall**
musée	**museum**
office de tourisme	**tourist office**
palais de justice	**court**
parking	**car park**

piscine	**swimming pool**
poste	**post office**
stade	**stadium**
station d'autobus	**bus station**
université	**university, college**

Au centre-ville
Downtown

arrêt de bus	**bus stop**
embouteillage	**traffic jam**
feu tricolore	**traffic light**
heure de pointe	**rush hour**
lampadaire	**street light**
métro	**underground (UK), subway (US)**
panneau de rue	**street sign**
panneau indicateur	**sign**
parcmètre	**parking meter**
passage piétons	**zebra crossing**
poubelle	**litter basket**
station de métro	**undergournd station**
station de taxi	**taxi stand**

Les bâtiments
Buildings

immeuble	**block of flats**
banque	**bank**
usine	**factory (UK), plant (US)**

hôtel	**hotel**
bibliothèque	**library**
bureau	**office**
parc	**park**
panneaux	**signs**
gratte-ciel	**skyscraper**
théâtre	**theater**
HLM	**council flats**

Se déplacer en ville
Moving around the city

Demander son chemin
Asking one's way

- **Where is the station?**
  Où est la gare ?
- **Is there a post office around there?**
  Y a-t-il une poste dans les environs ?
- **How long does it take to walk to the station?**
  Combien de temps cela prend-il d'aller à la gare à pied ?
- **Can you please show me the way to the bus stop?**
  Pourriez-vous me montrer le chemin pour aller à l'arrêt de bus ?
- **Excuse me. How far is it to the station?**
  Pardon. À quelle distance est la gare ?
- **Where is the nearest bank?**
  Où est la banque la plus proche ?

Donner des indications
Giving directions

- **Go straight on. Then turn left into Oxford Street.**
  Allez tout droit. Puis tournez à gauche dans Oxford Street.
- **It's on the left-hand side.**
  C'est du côté gauche.
- **Go past the church and cross the street.**
  Dépassez l'église et traversez la rue.
- **Follow the signs.**
  Suivez les panneaux.
- **At the crossroads, make a right.**
  Au carrefour, tournez à droite.

Prendre le bus
Taking the bus

arrêt de bus	**bus stop**
autocar	**coach**
conducteur	**bus driver**
contrôleur	**ticket inspector**
descendre	**get off, get down**
monter	**get on**
prix du trajet	**fare**
siège	**seat**

CHEZ NOS VOISINS

Des bus légendaires

À Londres

Les bus rouges à deux étages, **double-decker buses,** sont des symboles de Londres, au même titre que les cabines téléphoniques et les boîtes aux lettres rouges ou les chapeaux melon. Ils sont malheureusement en voie de disparition.

Vous pourrez aussi repérer les bus touristiques à impériale de Londres (**London open-top tour buses**). Ils permettent de visiter la ville de manière agréable et de voir l'essentiel des lieux touristiques.

À New York

Presque aussi célèbres, les bus de ramassage scolaire aux États-Unis. Vous les avez vus dans les films, avec leur couleur jaune vif et leur forme rétro.

- **Where's the nearest bus stop?**
  Où est l'arrêt d'autobus la plus proche ?
- **Can I get to the city centre by bus?**
  On peut aller au centre-ville en bus ?
- **Here is the bus stop. There's a queue.**
  Voici l'arrêt de bus. Il y a la queue.
- **I'm going to check the timetable.**
  Je vais vérifier les horaires.
- **How frequent are the buses?**
  Il y a un autobus tous les combien ?
- **What time is the next bus to Westminster?**
  À quelle heure est le prochain bus pour Westminster ?
- **There is a ticket machine at the bus stop.**
  Il y a un distributeur de billets à l'arrêt de bus.
- **A book of tickets, please.**
  Un carnet, s'il vous plaît.
- **Does this bus stop at Trafalgar Square?**
  Est-ce que ce bus s'arrête à Trafalgar Square ?

- **Tickets, please.**
  Contrôle des billets, s'il vous plaît.
- **This seat is taken.**
  Cette place est occupée.
- **Ring the bell to signal you want to get off.**
  Sonnez pour signaler que vous voulez descendre.
- **Excuse me, this is my stop.**
  Excusez-moi, je descends ici.

Figure 24-2: London city centre.

Prendre un taxi

Hiring a cab

chauffeur de taxi	**taxi driver**
commander un taxi	**order a taxi**
compteur	**meter**
station de taxi	**taxi stand**
taxi disponible	**for hire**

CHEZ NOS VOISINS

Et les taxis ?

Les taxis londoniens. Ils sont très souvent noirs, et ils ont une forme un peu rétro. Ils offrent 5 vraies places à l'arrière (3 faces à la route et 2 strapontins). Ils sont tous dotés d'une rampe d'accès pour les personnes à mobilité réduite.

Les taxis de New York se reconnaissent de loin avec leur couleur jaune qui permet de les repérer facilement. Mondialement connus, ils sont au nombre de 12 000 dans la ville et circulent 24 heures sur 24.

- **Could you pick me up at the station?**
  Pourriez-vous me prendre à la gare ?
- **How long will I have to wait?**
  Il y a combien de temps d'attente ?
- **Could you take me to the city centre?**
  Pourriez-vous m'emmener au centre-ville ?
- **How much would it cost to Heathrow Airport?**
  Ça coûterait combien pour l'aéroport de Heathrow ?
- **How much is it?**
  Je vous dois combien ?
- **Could I have a receipt, please?**
  Vous pourriez me faire une facture, s'il vous plaît ?

Prendre le métro à Londres
Using the London Underground

- **You can buy your ticket at a staffed ticket office, or at a ticket machine.**
  Vous pouvez acheter votre ticket à un guichet ou à un distributeur automatique.
- **Some machines accept only coins.**
  Certaines machines n'acceptent que les pièces.

- **Other machines accept banknotes and credit cards.**
  D'autres machines acceptent les billets et les cartes bancaires.
- **Some machines can provide change.**
  Certaines machines rendent la monnaie.
- **Some machines don't accept cash.**
  Certaines machines n'acceptent pas le liquide.
- **Smoking is illegal anywhere on the subway system.**
  Il est interdit de fumer partout dans le métro.
- **The penalty is a very stiff fine!**
  L'amende est très lourde !

CHEZ NOS VOISINS

Le métro de Londres

Le métro de Londres, que l'on appelle **underground** ou, plus familièrement, **tube**, est le plus vieux du monde. Il fonctionne depuis 1863 ! Il a plus de 420 kilomètres de voies. Il est encore très fonctionnel.

Mais il est très cher comparé à notre métro parisien – surtout si on achète un ticket à l'unité. Par exemple, un trajet de zone 1 coûte £4 si on l'achète à l'unité – mais il ne coûte que £1,50 si on utilise **the Oyster Card** (carte magnétique, équivalent du Navigo parisien).

Chapitre 25

J'ai faim !

Dans ce chapitre :

- On mange
- Les aliments
- Accommoder la nourriture
- Au restaurant, au café

Un vrai cri du cœur que vous connaissez tous un peu avant la fin de la matinée ou au creux de l'après-midi – et qui vous empêche parfois de vous concentrer !

Vous apprendrez, dans ce chapitre, à parler de ce que vous mangez. Et puis, vous ne mangez pas toujours à la cantine ou à la maison… Vous allez peut-être au McDo de temps en temps ou, exceptionnellement, au restaurant.

On mange
Let's eat

Se nourrir
Eating

En anglais on utilise le verbe **be** (être) et non le verbe **have** (avoir) pour parler de la faim ou de la soif.

- **I am hungry.**
  J'ai faim.
- **He is thirsty.**
  Il a soif.

Et, si vraiment on a très, très faim ?

- **We're starving!**
  On meurt de faim !

avaler	**swallow**
boire	**drink**
bouchée	**bite**
être rassasié	**be full up**
goûter	**taste**
mâcher	**chew**
mordre	**bite**
mourir de faim	**starve**
nourrir	**feed**
régime	**diet**
servir	**serve**

On ne traduit pas l'expression « être au régime » de façon littérale.

- **I am on a diet.**
  Je suis au régime.
- **He went on a diet.**
  Il s'est mis au régime.

Les repas
Meals

Pour les heures des repas, à chaque pays sa tradition.

En Grande-Bretagne, le petit déjeuner (**breakfast**) est copieux, mais le repas de midi (**lunch**) est souvent réduit à un sandwich ou à un panier-repas (**pack lunch**). Vers 17 h 30, les familles se réunissent pour le thé (**tea time**) qui est en réalité un repas plus consistant. Puis, parfois, on a une collation plus tard dans la soirée, **dinner**.

Aux États-Unis, le repas principal est plutôt en fin d'après-midi (**dinner**). Personne ne rentre à la maison pour le déjeuner. Et, à la cantine, tout est expédié en 20 minutes ! Si vous avez des visiteurs au collège ou au lycée, ils seront surpris de voir notre pause d'une heure trente ou deux heures.

- **Dinner's ready!/Lunch is ready!**
  À table !
- **Can you set the table, please?**
  Tu peux mettre la table, s'il te plaît ?
- **Enjoy (your meal)!**
  Bon appétit !
- **You can leave the table.**
  Tu peux sortir de table.

- **Now, you can clear the table.**
  Maintenant tu peux desservir.
- **Cheers!**
  À votre santé !

petit déjeuner	**breakfast**
déjeuner	**lunch**
en-cas	**snack**
dîner	**dinner**
apéritif	**drink**
repas copieux	**big meal**

CHEZ NOS VOISINS

L'apéritif

Prendre l'apéritif avant un repas est une tradition bien française à laquelle s'habituent progressivement les Anglais qui n'ont cependant pas encore trouvé de mot approprié.

- **Would you like to come for a drink tomorrow?**
  Voulez-vous venir prendre un pot demain ?
- **Can I get you an apéritif?**
  Vous voulez un apéritif ?

Les étapes du repas
Courses

Encore un sujet d'étonnement chez des visiteurs étrangers : voir qu'à la cantine, vous avez une entrée, un plat principal et un dessert, autrement dit, **a three-course meal**, un repas à trois plats – ce qui fait vraiment luxe ! (Au passage, remarquez qu'il n'y a pas de **-s** à **course,** car ce nom fait partie d'un nom composé et joue un rôle d'adjectif.)

amuse-gueule	**appetizer**
entrée	**starter**
fromage	**cheese**
plat principal	**main course**
plat à emporter	**take-away food**
repas copieux	**big meal**
restauration rapide	**fast food**
restes	**leftovers**
surgelé	**frozen**

Les aliments
Foods

La viande
Meat

Il faut savoir qu'en anglais, il y a des mots différents pour désigner les viandes et pour désigner les bêtes que l'on mange.

pig → pork	porc
ox → beef	bœuf
sheep → mutton	mouton
calf → veal	veau

Ne vous avisez pas de dire que vous voulez du **pig** ! Tout le monde serait écœuré.

Seules les volailles conservent leur nom : **chicken** (poulet) et **turkey** (dinde).

CHEZ NOS VOISINS

La fête de Thanksgiving

Vous avez entendu parler de la fête de **Thanksgiving**, très importante aux États-Unis.

Elle commémore l'arrivée des pionniers dans le Nouveau Monde en 1621.

On consomme traditionnellement de la dinde (**turkey**), volaille qui était inconnue en Europe à l'époque. Celle-ci est souvent accompagnée de courge (**squash**), de patates douces (**sweet potatoes**), et de sauce aux airelles (**cranberry sauce**). En dessert, on sert une délicieuse tarte à la citrouille (**pumpkin pie**).

agneau	**lamb**
bacon	**bacon**
bœuf	**beef**
côtelette	**chop**
cru	**raw**
dinde	**turkey**
jambon	**ham**
oie	**goose**
porc	**pork**

poulet	**chicken**
rôtir	**roast**
saucisse	**sausage**
steak	**steak**
tranche	**slice**
veau	**veal**

Les poissons et fruits de mer
Fish and sea food

crevette	**shrimp**
hareng	**herring**
homard	**lobster**
cabillaud	**cod**
moule	**mussel**
saumon	**salmon**
truite	**trout**
crustacé	**shellfish**

Les œufs
Eggs

On consommait souvent des œufs au bacon (**bacon and eggs**) le matin au petit déjeuner en Grande-Bretagne. Cette habitude se perd un peu, car les familles n'ont pas vraiment le temps – mais on aime bien respecter cette tradition pour le petit déjeuner du week-end.

œufs à la coque	**boiled eggs**
œufs sur le plat	**fried eggs**

œufs durs	**hard-boiled eggs**
omelette	**omelet**
œufs brouillés	**scrambled eggs**
œufs pochés	**poached eggs**

Les légumes
Vegetables

asperge	**asparagus**
carotte	**carrots**
céleri	**celery**
chou-fleur	**cauliflower**
concombre	**cucumber**
cuit à l'eau	**boiled**
épinards	**spinach**
frites	**chips**
haricots	**beans**
laitue	**lettuce**
petits pois	**green peas**
poireau	**leek**
pomme de terre	**potato**
purée	**mashed potatoes**
radis	**radish**
salade	**salad**
tomate	**tomato**

Les fruits
Fruit

abricot	**apricot**
ananas	**pineapple**
avocat	**avocado**
banane	**banana**
cerise	**cherry**
citron	**lemon**
framboise	**raspberry**
fraise	**strawberry**
mûre	**blackberry**
orange	**orange**
pamplemousse	**grapefruit**
pêche	**peach**
poire	**pear**
pomme	**apple**
prune	**plum**
raisin	**grape**

Les laitages
Dairy products

beurre	**butter**
crème	**cream**
flan	**custard**
fromage	**cheese**
fromage blanc	**fesh cheese**

lait	**milk**
yaourt	**yogurt**

Boulangerie et pâtisserie
Bakery

Si vous allez au rayon boulangerie d'un supermarché en Angleterre, ne vous attendez pas à trouver l'équivalent d'une bonne baguette croustillante… Au mieux, vous trouverez des **rolls**, des petits pains ronds. Mais la plupart du temps, les Anglais préféreront un pain qui ressemble à notre pain de mie, blanc ou noir, dont ils se servent pour faire les **toasts**.

Dans une boulangerie, vous pourrez demander **a loaf of bread** (un pain) ou parfois, **a baguette** !

beignets	**doughnut**
biscuits	**cookie**
crêpe	**pancake**
farine	**flour**
muffin	**muffin**
pain	**bread**
pain tranché	**sliced bread**
pâte	**dough**
petit pain	**roll**
toast	**toast**
tarte	**pie (UK), tart (US)**

GROS PLAN

Le mot **pudding** est souvent utilisé pour tout ce qui ressemble à un gâteau – cela peut être un synonyme de « dessert ».

À ne pas confondre avec le célèbre **Christmas pudding**, préparé plusieurs semaines avant Noël, souvent fait avec de la graisse de rognon. C'est un mélange foncé, très riche, cuit à la vapeur, dans lequel on trouve des fruits secs et des noix.

Les petits plaisirs
Treats

confiture	**jam**
confiture d'orange	**marmalade**
miel	**honey**
bonbon	**sweet**
caramel	**toffee**
chocolat	**chocolate**
guimauve	**marshmallow**

Les boissons
Drinks

La bière est une boisson traditionnelle. On la sert dans les pubs. Le nombre de brasseries s'élève à près de 800 !

bière blonde	**lager**
boisson	**drink**
boisson gazeuse	**soda**
boisson sans alcool	**soft drink**
chocolat chaud	**hot chocolate**
cidre	**cider**
coffee	**coffee**
eau	**water**
être ivre	**be drunk**
jus d'orange	**orange juice**
jus de fruits	**fruit juice**
limonade	**lemonade**

pétillant	**sparkling**
thé	**tea**
vin	**wine**

CHEZ NOS VOISINS

A cup of tea?

C'est la boisson nationale de l'Angleterre. On en boit à n'importe quel moment du jour et de la nuit.

Sa consommation s'est généralisée en Angleterre à partir de 1660. Au début, ce thé importé d'Inde coûtait tellement cher qu'il était réservé aux nobles. Puis les prix ont baissé et tout le monde s'y est mis !

On le boit très fort, avec un nuage de lait et du sucre.

Accommoder la nourriture
Preparing food

Faire la cuisine
Cooking

Même si vous n'êtes pas vraiment cuisinier ou cuisinière, il vous faut connaitre quelques mots et expressions ayant trait à la cuisine.

beurrer	**butter**
congeler	**freeze**
cuisiner/cuisinière	**cook**
couper en tranches	**slice**
faire bouillir	**boil**
faire cuire au four	**bake**

faire frire	**fry**
griller	**grill**
peler, éplucher	**peel**
recette	**recipe**
retourner	**turn**
rôtir	**roast**
saler/sel	**salt**
surgeler	**deep-freeze**

Le goût
Taste

amer	**bitter**
bon	**tasty**
dur	**tough**
doux	**sweet**
épicé (fortement)	**hot**
épicé, relevé	**spicy**
fade	**tasteless**
riche	**rich**
sec	**dry**
sucré	**sweet**
tendre	**tender**
léger	**light**

GROS PLAN

L'Inde et le Pakistan ayant été des colonies anglaises pendant un siècle (jusqu'en 1947), il n'est pas étonnant que les goûts britanniques aient largement adopté les épices.

Ainsi, le plat le plus communément consommé en Grande-Bretagne est le **chicken tikka massala**, servi dans les nombreux restaurants pakistanais.

L'assaisonnement
Seasoning

ail	**garlic**
crème	**cream**
épicé	**spicy**
farine	**flour**
fromage	**cheese**
huile	**oil**
lait	**milk**
mayonnaise	**mayonnaise**
moutarde	**mustard**
oignon	**onion**
persil	**parsley**
poivre	**pepper**
sel	**salt**
sucre	**sugar**
vinaigre	**vinegar**

- **It's hot!**
  C'est très épicé !

CHEZ NOS VOISINS

Ça tourne au vinaigre !

Ne vous attendez pas, dans les pays anglo-saxons, à manger votre salade accompagnée d'une vinaigrette. La salade se mange avec du **salad dressing**, une sauce qui ressemble plutôt à une mayonnaise un peu fade, fabriquée à base d'huile (**oil**), de jaune d'œuf (**egg yolk**) et de vinaigre (**vinegar**).

Mais, pour accompagner les saucisses ou jambons, ils ont de délicieux petits légumes au vinaigre, les **pickles**.

Au restaurant, au café

La restauration rapide
Fast food

Plus encore que chez nous, la restauration rapide est devenue la norme, surtout chez les jeunes.

Attention, vous dites peut-être familièrement « je vais au fast-food » mais, en anglais, il faut ajouter le mot **restaurant**.

- **There are several big chains of fast-food restaurants.**
  Il y a plusieurs grandes chaînes de restauration rapide.

Vous connaissez déjà la plupart des mots qui figurent sur les menus dans la restauration rapide. Inutile de vous donner une traduction pour **cola**, **hamburger**, **cheeseburger**, **ketchup**, **nugget**, **cookie**, **milkshake**, **hotdog**, **sandwich**, **wrap**, etc.

Les gens qui critiquent ce genre de restauration ont une expression bien imagée pour désigner ce qu'on y mange : **junk food**, qui est à peu près l'équivalent de « cochonneries ».

boissons	**drinks**
bon marché	**cheap**
comptoir	**counter**

frit	**fried**
frites	**french fries**
fromage	**cheese**
glace	**icecream**
moutarde	**mustard**
paille	**straw**
petit pain rond	**bun**
poulet	**chicken**
salade	**salad**
saucisse	**sausage**
sel	**salt**
serviette en papier	**paper napkin**
tomate	**tomato**
tourte	**pie**

CHEZ NOS VOISINS

McDonald's en quelques chiffres

En 1948, les frères Dick et Mac McDonald ouvrirent leur premier stand de burgers à San Bernardino, Californie.

Aujourd'hui, il y a environ 32 000 établissements McDonald's répartis dans 118 pays.

55 % des établissements sont situés hors des États-Unis.

On estime que 58 millions de personnes sont clients de McDonald's chaque jour.

- **For here or to go?**
  À manger sur place ou à emporter ?
- **Would you like anything else?**
  Vous voulez autre chose ?

- **What would you like to drink?**
  Que voulez-vous boire ?
- **Do you want some ketchup?**
  Vous voulez du ketchup ?
- **But we offer chicken sandwiches that taste great, too.**
  Mais nous avons des sandwiches au poulet qui sont très bons aussi.

CHEZ NOS VOISINS

Les fish and chips

Une forme de restauration rapide est vraiment traditionnelle en Grande-Bretagne : les **fish 'n chip shops.**

Traditionnellement servis dans un emballage de papier journal avec du sel et du vinaigre, les **fish and chips** (poisson et frites) se mangent avec les doigts.

Passer une commande
Ordering

- **Are you ready to order?**
  Vous êtes prêts à passer votre commande ?
- **What's today's special?**
  Quel est le plat du jour ?
- **Does the steak come with French fries?**
  Y a-t-il des frites avec le steak ?
- **We'll take the set menu.**
  Nous prendrons le menu.
- **To start, I would like a tomato salad.**
  Comme entrée, je voudrais une salade de tomates.
- **For dessert, I'll have apple tart.**
  Comme dessert, je prendrai une tarte aux pommes.
- **May I have a bottle of water, please?**
  Puis-je avoir une bouteille d'eau, s'il vous plaît ?

Au café / At the café

Café, pub ou **bar ?** La différence n'est pas si simple…

En règle générale, un **bar** vend de l'alcool, et les jeunes de moins de 18 ans n'y sont pas admis.

Dans les **pubs** (l'abréviation de **public house**), en principe, les jeunes ne sont pas admis – sauf s'il y a une pièce réservée aux familles (**family room**).

Il est très souvent possible de manger dans les pubs – une nourriture simple mais de bonne qualité et pas très chère.

Quant aux **cafés**, ils ne servent que des boissons non alcoolisées. (À ne pas confondre avec la boisson, **coffee**.)

Chapitre 26

Le shopping

Dans ce chapitre :

- Votre argent de poche
- Les magasins
- Acheter des vêtements
- Autres services

Quand on interroge les adolescents pour savoir ce qu'ils aiment faire pendant leur temps de loisirs, près de la moitié d'entre eux citent le shopping en bonne place. Ils disent qu'ils aiment se promener dans les centres commerciaux, pas toujours pour acheter – leur argent de poche est souvent limité – mais juste pour le plaisir. Et puis, un gros poste de dépenses pour la plupart des jeunes, les vêtements. Nous verrons comment parler de tout cela dans ce chapitre.

Votre argent de poche

Your pocket money

Ce que vous en faites

What you do with it

- **I spend all my money on clothes.**
  Je dépense tout mon argent en vêtements.
- **I don't get pocket money but I do earn lots of money doing jobs around the house.**
  Je n'ai pas d'argent de poche, mais je gagne de l'argent en faisant des petits travaux dans la maison.

- **I save up my money for games, skateboards and clothes.** J'économise mon argent pour m'acheter des jeux, des skateboards et des vêtements.
- **Mum, can you lend me one pound, please?** Maman, tu peux me prêter une livre, s'il te plaît ?
- **I'll pay you back next week.** Je te rembourserai la semaine prochaine.

acheter	**buy, purchase**
économiser	**save**
client	**customer**
dépenser	**spend**
porte-feuille	**wallet (GB), purse (US)**
devoir	**owe**
emprunter	**borrow**
gagner (loterie)	**win**
gagner (salaire)	**earn**

gaspiller	**waste**
prêter	**lend**
rembourser	**pay back**

GROS PLAN

En anglais, on fait la distinction entre les deux sens du verbe « gagner ». Il ne faut pas confondre :

- **earn money** (gagner de l'argent en travaillant) ;
- **win money** (gagner de l'argent au jeu ou à la lotterie).

À la banque
At the bank

billet	**bank note**
caissier	**cashier**
chèque	**check**
compte en banque	**bank account**
distributeur d'argent	**ATM/cash machine**
économies	**savings**
liquide	**cash**
petite monnaie	**small change**
payer en espèces	**pay cash**
pièce de monnaie	**coin**
retirer	**withdraw, take out**

ATTENTION !

- **I have no money.**
  Je n'ai pas d'argent.
- **I have no change.**
  Je n'ai pas de monnaie.

Les prix
Prices

- **Our prices are reduced.**
  Nos prix sont réduits.
- **This item is on sale.**
  Cet article est en soldes.
- **This is half price.**
  C'est à moitié prix.

prix bas	**low prices**
à prix réduit	**reduced**
cher	**expensive**
bon marché	**cheap, inexpensive**
raisonnable	**reasonable**
affaire	**bargain**
avoir les moyens de	**afford**
coût	**cost**
augmentation	**increase**
baisse	**drop**

CHEZ NOS VOISINS

Les Britanniques et l'euro

Bien que faisant partie de l'Europe, le Royaume-Uni ne fait pas partie de la zone euro. Même s'il est de plus en plus souvent possible pour les Européens de payer avec des euros, la monnaie britannique reste la livre sterling (£).

1 pound = **100 pence** (£1 = 100p)

Attention au pluriel irrégulier : **1 penny** mais **10 pence**.

Riche ou pauvre ?
Rich or poor?

aisé	**well off**
pingre	**mean**
fauché	**broke, hard up**
généreux	**generous**
pauvre	**poor**
riche	**affluent, rich, wealthy**
dépensier	**extravagant**

GROS PLAN

À court d'argent ? Beaucoup d'expressions pour cette situation bien commune.

- **I ran out of money.**
  Je me suis retrouvé à court d'argent.
- **I am broke.**
  Je suis complètement fauché(e).
- **He is pennyless.**
  Il n'a pas un sou.

Se renseigner sur les prix
Asking about prices

- **How much is this scarf?**
  Combien coûte ce foulard ?
- **How much does this cost?**
  C'est combien ?
- **This one is £5.**
  Celui-ci est à 5 livres.
- **That's too expensive.**
  C'est trop cher.
- **I can't afford it.**
  Je n'ai pas les moyens.

Les magasins
Shops

Où allez-vous pour faire du shopping ?

Store – Ce mot est à peu près équivalent à **shop** (magasin). Il est plus utilisé aux États-Unis.

Department store (grand magasin) – Il propose de nombreux rayons différents.

Supermarket – Ces libres-services offrent en plus des produits d'alimentation.

Shopping centre ou **shopping mall** (centre commercial) – Ils regroupent des magasins spécialisés autour d'un supermarché.

Outlet store (magasin d'usine) – Il propose des produits à prix réduit provenant de fins de série ou liquidations.

Les noms de magasins
Shop list

boucherie	**butcher's**
boulangerie	**baker's**
bureau de tabac	**tobacconist's**
marchand de bonbons	**sweetshop**
épicerie	**grocer's**
fleuriste	**florist's**
librairie	**bookshop**
magasin de primeurs	**greengrocer's**
pharmacie	**chemist's, pharmacy**
pressing	**dry-cleaner's**

GROS PLAN

Pourquoi les noms de magasins se terminent-ils presque tous par **'s**… C'est tout simplement un génitif avec omission du mot **shop**. On ne va pas « à la boucherie » mais « chez le boucher ».

ATTENTION !

Attention à ces deux mots qui trompent leur monde : **library** (bibliothèque) et **bookshop** (librairie) !

- **You borrow books from the library but you buy books at the bookshop.**
  Vous empruntez des livres à la bibliothèque, mais vous achetez des livres à la librairie.

Trouver le bon magasin
Finding the right shop

- **Where is the baker's?**
  Où est la boulangerie ?
- **Is there a chemist's near here?**
  Est-ce qu'il y a une pharmacie dans le coin ?
- **How do I get to the chemist's, please?**
  Comment aller à la pharmacie, s'il vous plaît ?
- **Where's the nearest shopping centre?**
  Où est le centre commercial le plus proche ?
- **It's about five minutes on foot.**
  C'est à cinq minutes à pied environ.
- **Let's go window shopping in the city-centre.**
  Allons faire du lèche-vitrines en ville.

Dans un magasin
Inside a store

- **Can I help you? What can I do for you?**
  Vous désirez ? Que puis-je faire pour vous ?
- **Where is the women's clothing department?**
  Où est le rayon de vêtements pour femmes ?
- **Can we have a look around?**
  On peut regarder ?
- **Are you looking for anything in particular?**
  Vous cherchez quelque chose en particulier ?
- **I'm just browsing. Thank you.**
  Je regarde seulement. Merci.
- **Where is the changing room?**
  Où est la cabine d'essayage ?

Il faut choisir entre **how much** et **how many.**

Pour interroger sur une quantité indénombrable, on utilise **how much**. Pour interroger sur un nombre, on utilise **how many**.

- **How much cheese do you want? – One pound.**
  Quelle quantité de fromage désirez-vous ? – Une livre.
- **How many oranges do you want? – Five.**
  Combien d'oranges désirez-vous ? – Cinq.

bonne affaire	**bargain**
caddie	**shopping trolley/cart**
client	**customer**
commerçant	**shopkeeper**
étagère	**shelf**
étiquette	**label**
heure d'ouverture	**opening time**
marchandises	**goods**
offre spéciale	**special offer**
rayon chaussures	**shoe department**
vendeur	**shop assistant**
vitrine	**shop window**

À la caisse
At the checkout

- **Are you in the queue?**
  Vous faites la queue ?
- **That comes to $25.**
  Ça fera 25 dollars.
- **Here's £30.00.**
  Voilà 30 livres.

- **Here is your receipt, and your change.**
  Voici votre ticket de caisse, et votre monnaie.
- **It's for a present. Can you gift-wrap it for me, please?**
  C'est pour offrir. Pouvez-vous me faire un paquet-cadeau, s'il vous plaît ?

Acheter des vêtements

Pour beaucoup de jeunes, acheter des vêtements est un vrai plaisir. Ils les choisissent avec soin, et essaient de combiner les goûts avec les impératifs du porte-monnaie !

Les vêtements
Clothes

Attention, les Anglais ont un mot pour dire « les vêtements », c'est **clothes**. Mais ne vous avisez pas de mettre ce mot au singulier pour dire « un vêtement » car **a cloth**, c'est « un chiffon » !

- **This piece of clothes is my favourite.**
  J'aime ce vêtement.

blouson, veste	**jacket**
chemise	**shirt**
chemisier	**blouse**
costume	**suit**
gilet	**cardigan**
imperméable	**raincoat**
jean	**jeans**

jupe	**skirt**
manteau	**coat**
pantalon	**trousers, pants**
pull	**sweater, jumper**
robe	**dress**
salopette	**dungarees**

CHEZ NOS VOISINS

Le kilt

Le kilt est le vêtement traditionnel des Écossais. C'est une jupe courte et plissée, fabriquée dans un lainage écossais (**tartan**).

La légende dit que les Écossais ne porteraient rien sous leur kilt… mais cela reste à vérifier.

Les sous-vêtements
Underwear

bas	**stockings**
chaussettes	**socks**
chemise de nuit	**nightdress, nightie**
collant	**tights**
slip (femme)	**knickers (UK), panties (US)**
maillot de corps	**vest (UK), undershirt (US)**
pyjama	**pyjamas**
robe de chambre	**dressing gown**
slip (homme)	**underpants**
soutien-gorge	**bra**
string	**thongs**

GROS PLAN

Les vêtements composés de deux parties (les deux jambes d'un pantalon, d'un collant, etc.) portent toujours le **-s** du pluriel : **trousers/pants** (pantalon), **tights** (collant), **pyjamas** (pyjama), **shorts** (short), **panties** (culotte).

S'habiller

Getting dressed

- **Go and get dressed.**
  Va t'habiller.
- **I'm going to get undressed.**
  Je vais me déshabiller.
- **She is dressed in black.**
  Elle est habillée en noir.
- **He is wearing a green coat.**
  Il porte un manteau vert.

ATTENTION !

Wearing a coat, signifie « porter un vêtement sur soi » ; **Holding a coat** signifie « porter un manteau sous le bras ».

Getting dressed indique que vous enfilez un vêtement ; **Dressing up** signifie que vous faites des efforts d'élégance.

Dans la cabine d'essayage

In the fitting room

- **Can I try this on, please?**
  Est-ce que je peux essayer ceci, s'il vous plaît ?
- **The fitting rooms are over there.**
  Les cabines d'essayage sont par là.
- **This really fits you.**
  Ça vous va bien. (C'est la bonne taille.)
- **This suits you really well.**
  Ça vous va bien. (C'est joli sur vous.)

- **It matches the colour of your eyes.**
  C'est assorti à la couleur de vos yeux.
- **This shirt looks really nice on you!**
  Cette chemise vous va super bien.
- **It doesn't fit me. It's too tight.**
  Ça ne me va pas. C'est trop serré.
- **It's too loose. Would you have a smaller size?**
  C'est trop large. Vous auriez la taille en dessous ?

Les styles et les tissus
Styles and fabrics

à la mode	**fashionable**
décontracté	**casual**
démodé	**old-fashioned**
élégant	**smart**
habillé	**formal**
négligé	**sloppy**
robe de soirée	**evening dress**
tendance	**trendy**
coton	**cotton**
dentelle	**lace**
imperméable	**waterproof**
laine	**wool**
lin	**linen**
satin	**satin**
soie	**silk**
velours	**velvet**

CHEZ NOS VOISINS

Le jean (*jeans*)

La toile de jean est, à l'origine, une toile qui venait soit de Gênes en Italie (d'où le nom **jean**) soit de Nîmes en France (d'où l'appellation **denim**). Cette toile très solide était utilisée pour fabriquer les voiles des navires.

Levi Strauss eut, le premier, l'idée d'en faire des pantalons pour les cow-boys. Ces pantalons ont fait sa fortune.

Décrire les vêtements
Describing clothes

ample	**loose/baggy**
à manches longues	**long-sleeved**
bonnet, capuche	**hood**
bouton	**button**
col	**collar**
manche	**sleeve**
ourlet	**hem**
poche	**pocket**
sans manches	**sleeveless**
à carreaux	**checked**
à fleurs	**flowery**
à rayures	**striped**
brodé	**embroidered**
imprimé	**printed**
lavable	**washable**
uni	**plain**

Les chaussures
Footwear

chaussures de sport	**trainers, sneakers**
bottes	**boots**
chaussons	**slippers**
cirer ses chaussures	**shine one's shoes**
pointure	**size**
sandales, nu-pied	**sandal**
semelle	**sole**
talon	**heel**
tongs, savates	**flip-flops**

Les bijoux et accessoires
Jewelry and accessories

bague	**ring**
bijou	**jewel**
boucle d'oreilles	**earring**
bracelet	**bracelet**
collier	**necklace**
montre	**watch**
casquette	**cap**
ceinture	**belt**
chapeau	**hat**
cravate	**tie**
écharpe	**scarf**
gant	**glove**

parapluie	**umbrella**
portefeuille	**purse (GB), wallet (US)**
sac à main	**handbag (GB), purse (US)**

GROS PLAN

Pour indiquer la matière d'un objet, on utilise un nom composé. Attention à l'ordre des mots.

- **A silver ring.**
  Une bague en argent.

Les autres services
Other services

Les achats par Internet
Online shopping

Comme beaucoup de jeunes, vous faites sans doute des achats par Internet. Les procédures sont les mêmes que celles que vous connaissez. Quelques mots sont bien utiles.

- **Sign in.**
  Identifiez-vous.
- **Forgotten your password ?**
  Mot de passe oublié ?

livraison	**delivery**
annuler	**cancel**
facture	**invoice**
bon de commande	**order form**
épuisé	**out of stock**
disponible	**available**
frais de port	**shipping cost**
livraison en 24 h	**overnight delivery**

commander	**order**
délai de livraison	**delivery time**
site de vente	**shopping website**
offres du jour	**today's deals**

Le service après-vente

After-sales service

- **There's something wrong.**
  Il y a quelque chose qui ne va pas.
- **I'd like to return this.**
  Je voudrais rapporter ceci.
- **I'd like to change this shirt for a different size.**
  Je voudrais échanger cette chemise pour une autre taille.
- **Could I get a refund?**
  Pourrais-je être remboursé ?
- **Have you got the receipt?**
  Avez-vous le ticket de caisse ?
- **It's not worth repairing.**
  Ça ne vaut pas le coup de faire la réparation.

Chapitre 27

Mes loisirs

Dans ce chapitre :

- Ce que vous aimez faire
- Les activités culturelles
- Les activités d'extérieur
- Les activités d'intérieur

Que faites-vous quand vous avez du temps libre ? Certes, il y a les balades en ville avec les copains et tout le temps que vous passez devant la télévision ou l'ordinateur. Mais il y a tellement d'autres choses intéressantes à faire. Vous faites peut-être de la musique, ou du théâtre, ou vous allez au cinéma. Et puis, tout ce qui touche aux sports ou aux jeux vous intéresse aussi.

Vous avez besoin de savoir raconter ce que vous faites pendant les week-ends ou les vacances – dès lors que vous n'avez pas de travail à faire pour l'école, bien sûr !

Ce que vous aimez faire

What you like doing

Il y a beaucoup d'expressions pour dire ce que vous aimez ou n'aimez pas faire ! Elles sont toutes suivies soit d'un nom (par exemple **music**) soit d'une forme V-**ing** (par exemple, **reading**).

- **What is your favourite leisure activity?**
  Quelle est votre activité de loisir favorite ?

- **What do you enjoy doing in your spare time?**
  Qu'est-ce que tu aimes faire quand tu as du temps libre ?
- **I love this game. It's fun!**
  J'adore ce jeu. C'est amusant !
- **I'm really fond of this type of music.**
  J'aime vraiment beaucoup cette musique.
- **I spend a lot of time on video games.**
  Je passe beaucoup de temps à jouer à des jeux vidéo.
- **I hate playing cards.**
  J'ai horreur de jouer aux cartes.
- **I can't stand this game.**
  Je ne supporte pas ce jeu.

GROS PLAN

Que ferait-on sans le verbe **do** ? On peut le mettre devant pratiquement tous les noms ou V-**ing** désignant une activité pour dire qu'on fait du foot, du ski, du badminton ou de la broderie !

Parfois, on préfère **play**. Mais si vous devez parier, choisissez **do** !

I do windsurfing on Sundays and needlework on Saturdays.
Je fais de la planche à voile le dimanche et de la couture le samedi.

temps de loisir	**leisure time**
distraction	**entertainment**
faire une pause	**take a break**
jouer	**play**
jour de congé	**day off**
passe-temps	**pastime**
reposer (se)	**relax**
temps libre	**free time, spare time**

Les activités culturelles
Cultural activities

La musique
Music

Vous êtes nombreux à aimer la musique. Vous l'écoutez beaucoup (**you listen to music**), vous en jouez parfois (**you play music**). Vous avez besoin de savoir en parler.

- **I play in a rock band.**
  Je joue dans un groupe de rock.
- **I love punk music but I can't stand rap music.**
  J'adore la musique punk, mais je ne supporte pas le rap.
- **My favorite band is coming to my town – but it's sold out.**
  Mon groupe favori vient dans ma ville – mais c'est complet.

chanteur	**singer**
chef d'orchestre	**conductor**
diriger	**conduct**
opéra (lieu)	**opera house**
orchestre classique	**orchestra**
orchestre de jazz	**band**
salle de concert	**concert hall**
chœur	**choir**

GROS PLAN

On utilise l'article **the** devant le nom qui désigne l'instrument. Et observez bien l'article **a** après **is**, devant **piano-player** !

- **My mother plays the piano. She is a piano-player.**
  Ma mère joue du piano. Elle est pianiste.
- **I'd like to take up another instrument.**
  Je voudrais apprendre à jouer d'un autre instrument.
- **I play the drums.**
  Je joue de la batterie.

Le théâtre
The theatre

Il y a peut-être un club théâtre dans votre collège ou votre lycée. Alors, vous êtes peut-être acteur (**actor**) ou actrice (**actress**) !

applaudir	**clap/applaud**
scène	**stage**
décor	**scenery/set**
faire du théâtre	**act**
jouer un rôle	**play a part**
rideau	**curtain**
public	**audience**
répéter	**rehearse**
répétition	**rehearsal**
atelier	**workshop**
metteur en scène	**stage director**
personnage	**character**

Le cinéma
The cinema

Sans doute que, comme beaucoup de jeunes, vous aimez aller au cinéma – ou regarder des films à la télévision.

- **Hitchcock made thrillers, detective films and horror movies.**
  Hitchcock a fait des films à suspense, des policiers et des films d'horreur.
- **Sci-fi movies are very popular.**
  Les films de science-fiction sont très populaires.
- **Most cartoon films are made for children.**
  La plupart des dessins animés sont faits pour les enfants.

bande-annonce	**trailer**
bande sonore	**sound track**
cinéma	**cinema (UK), movie theater (US)**
distribution	**cast**
documentaire	**documentary**
écran	**screen**
étoile	**star**
film	**film, movie**
filmer	**shoot**
producteur	**producer**
réalisateur	**director**

Les arts
Arts

appareil photo	**camera**
aquarelle	**watercolour**

artiste	**artist**
cadre	**frame**
caméra	**moving camera**
chant	**singing, song**
crayon	**pencil**
danse classique	**ballet**
danse	**dancing**
dessin humoristique	**cartoon**
dessin	**drawing**
écriture	**writing**
exposition	**exhibition**
feuille de papier	**sheet of paper**
galerie d'art	**art gallery**
lecture	**reading**
musée	**museum**
peinture	**painting**
peintre	**painter**
photo	**picture/photo**
photographe	**photographer**
pinceau	**brush**
portrait	**portrait**
toile	**canvas**

ATTENTION !

Il ne faut pas confondre **a photo** (une photo) avec **photography** (l'art de la photo).

Les activités d'extérieur
Outdoor activities

Les sports
Sports

- **What sport do you do?**
  Quel sport pratiquez-vous ?
- **Are you good at tennis?**
  Vous êtes bon en tennis ?
- **Do you like playing football?**
  Aimez-vous jouer au football ?
- **Have you ever been skiing?**
  Avez-vous déjà fait du ski ?
- **Have you ever tried snowboarding?**
  Avez-vous déjà essayé le surf des neiges ?
- **How often do you go swimming?**
  Vous allez souvent à la piscine ?

Le mot « prix » a deux sens en français – qui se traduisent par des mots différents en anglais.

Prize se traduit par « prix » dans le sens de « récompense ».

Price se traduit par « prix » dans le sens de « prix à payer ».

Questions de foot
Football matters

En Grande-Bretagne, on appelle **football** le sport le plus populaire. Vous connaissez tous les grandes équipes anglaises, comme Chelsea ou Manchester United. Ce sont les Anglais qui ont codifié les règles de ce sport en 1863.

Aux États-Unis où il est moins pratiqué – et souvent réservé aux filles –, on l'appelle **soccer**. Le mot **football** est réservé à ce que nous nommons le « football américain ». À noter que le sport qui soulève l'enthousiasme des foules aux États-Unis est plutôt le baseball.

Figure 27-1 : English football fans.

- **Two thousand people attended the match.**
  Deux mille personnes ont assisté au match.
- **That was a great match!**
  C'était vraiment un beau match !
- **I can't bear seeing my team lose.**
  Je ne supporte pas de voir perdre mon équipe.
- **What's your favorite football team?**
  Quelle est votre équipe de foot favorite ?
- **What a great player he is!**
  Quel joueur magnifique !
- **He scored three goals.**
  Il a marqué trois buts.
- **I am a Manchester United fan.**
  Je suis un fan de Manchester United.

arbitre	**referee**
battre	**beat**
capitaine	**captain**
carton rouge	**red card**
championnat	**championship**
défaite	**defeat**
entraîneur	**trainer, coach**
équipe	**team**
finale	**final**
gagnant	**winner**
gagner	**win**
gardien de but	**goalkeeper**
jeu	**game, match**
joueur	**player**
marquer un but	**score a goal**
perdre	**lose**
prix	**prize**
règle	**rule**
spectateur	**spectator**
stade	**stadium**
victoire	**victory**

CHEZ NOS VOISINS

Une nation de parieurs

Les paris sont tout à fait autorisés en Grande-Bretagne. La profession de **bookmaker** est bien connue. On y compte environ 8 500 **betting shops** où l'on parie sur tout et n'importe quoi – mais ce sont les résultats des matches de football qui sont l'objet du plus grand nombre de paris.

Sur le court
On the court

Tiens ! Un sport qui n'a pas été inventé par les Anglais ! Le mot **tennis** vient du français « tenez » que l'on prononçait avant de servir au jeu de paume.

arbitre	**umpire**
coup	**shot**
court de tennis	**tennis court**
filet	**net**
frapper la balle	**hit the ball**
raquette	**racket**
service gagnant	**ace**
servir	**serve**
set	**set**

Les sports d'eau
Water sports

Le sport d'eau que vous pratiquez le plus est bien sûr la natation ! Vous avez de la chance : en apprenant un seul mot, **swim** (nager), vous êtes prêt à affronter pas mal de situations.

- **Let's go to the swimming pool.**
  Allons à la piscine.
- **Don't forget your swimming costume/swimsuit.**
  N'oublie pas ton maillot de bains (pour les filles).
- **Don't forget your swimming trunks.**
  N'oublie pas ton maillot de bains (pour les garçons).
- **Let's go for a swim.**
  Allons nous baigner.

avoir le mal de mer	**be sea-sick**
bateau à voile	**sailing boat**
équipage	**crew**
faire de l'aviron	**do rowing**
faire de la planche à voile	**do windsurfing**
faire de la voile	**sail**
faire du canoë	**canoe**
marin	**sailor**
navire	**ship**
planche à voile	**sailboard**
planche de surf	**surfboard**
plongée avec tuba	**snorkeling**
plongée sous-marine	**scuba diving**
plonger	**dive**
ski nautique	**water-ski**
surf	**surf**

L'équitation
Horse riding

Bien sûr, le mot essentiel à ne pas oublier, c'est **horse** (cheval). Mais attention, en français on dit « je fais du cheval » mais en anglais, dites **I ride a horse**.

Et puis, on peut parier (**bet**) dans les courses de chevaux. Il suffit de se rendre dans une **betting shop** (PMU).

faire du cheval	**ride a horse**
cavalier	**rider**
champ de courses	**race course**

course de chevaux	**horse race**
monter un cheval	**ride a horse**
selle	**saddle**

Autres activités

Other activities

Les activités de plein air sont nombreuses. Certaines sont des sports à part entière, d'autres sont plutôt des activités de loisir.

GROS PLAN

- **Go for a walk**
  Aller se promener
- **Take a walk**
  Faire une promenade
- **Walk the dog**
  Sortir le chien

basket	**basketball**
chaussures de randonnée	**hiking boots**
coureur	**runner**
faire du patin à glace	**do ice-skating**
faire du patin à roulettes	**roller skate**
faire du ski alpin	**do downhill skiing**
faire du ski de fond	**do crosscountry skiing**
faire du vélo	**ride a bike**
grimper, escalader	**climb**
gymnase	**gymnasium**
lancer	**throw**
marche	**walking**
piste	**track**

sac à dos	**backpack**
skier	**ski**
volley	**volleyball**

ATTENTION !

Souvenez-vous que, dans un nom composé, c'est toujours le dernier qui est le mot principal – que l'on traduit en premier.

- **A car race. / A race car.**
  Une course de voiture. / Une voiture de course.

Les activités d'intérieur
Indoor activities

Les hobbies
Hobbies

Le mot **hobby,** que les Français ont adopté, signifie « occupation de loisir favorite ».

L'origine de ce mot date du XIIe siècle : le roi Henri Ier avait, comme passe-temps favori, de monter des **hobby horses** – petits chevaux de course de la taille d'un poney, originaires d'Irlande. Il passait beaucoup de temps à s'occuper de ses chevaux.

collection de timbres	**stamp collection**
collectionner	**collect**
cuisine	**cooking**
jeux d'ordinateur	**computer games**
maquette	**model**
maquettisme	**modeling**
collection de pièces	**coin collecting**

Les jeux
Games

Il y a deux verbes pour traduire le mot « jouer » : **play**, le plus courant que vous connaissez bien, et **gamble** qui s'applique aux jeux d'argent.

billard anglais	**snooker**
dé	**die**
échecs	**chess**
dames	**draughts (UK), checkers (US)**
jeu de l'oie	**snakes and ladders**
jeux de plateau	**board game**
bowling	**bowling**
jeu de fléchettes	**darts**
jeux vidéo	**video games**
jouer aux fléchettes	**play darts**
mots croisés	**crossword puzzle**

Les jeux de cartes
Card games

atout	**trump**
carreaux	**diamonds**
cartes	**cards**
chance	**luck**
cœurs	**hearts**
distribuer	**deal**
reine	**queen**

jeu de cartes	**pack of cards**
piques	**spades**
roi	**king**
trèfles	**clubs**
valet	**jack**

ATTENTION !

Il ne faut pas confondre **chance** (le hasard) et **luck** (la chance).

- **Good luck! / Bad luck!**
  Bonne chance ! / Pas de chance !

Les loisirs créatifs
Creative hobbies

artisanat	**arts and crafts**
broderie	**embroidery**
coudre	**sew**
couture	**sewing**
dessin	**drawing**
fabrication de bijoux	**jewelry making**
photographie	**photography**
poterie	**pottery**
sculpture	**sculpture**
tapisserie	**tapestry**
travaux d'aiguille	**needlework**
tricoter	**knit**

Chapitre 28

En vacances

Dans ce chapitre :

- L'école est finie !
- On loge où ?
- On voyage

Une très bonne raison d'apprendre une langue, c'est, un jour, de voyager dans les pays où on parle anglais – notamment en Grande-Bretagne qui est si près de la France que, de Calais, on voit la côte à l'œil nu par beau temps.

Vous avez besoin d'apprendre les mots et expressions qui vous permettront de vous débrouiller dans toutes les situations de vacances.

L'école est finie !

School is over!

GROS PLAN

En Grande-Bretagne, on emploie le mot **holiday**.

Pour les pauses plus courtes, on a **day off** ou **break**.

- **We have a two-day break.**
  Nous avons deux jours de congés.
- **We are not going to school today. We have a day off.**
  Nous n'allons pas à l'école aujourd'hui. Nous avons un jour de congé.

Enfin, un « jour férié » se dit **bank holiday**.

- **Easter Monday is a bank holiday in England but not in Scotland.**
  Le lundi de Pâques est férié en Angleterre mais pas en Écosse.

Aux États-Unis, on a moins de vacances que les Européens mais on en parle quand même ! On dit : **vacation**. Le mot **holiday** correspond à nos jours fériés. Par exemple :

- **Martin Luther King's day is a holiday.**
  Le jour de Martin Luther King est un jour férié.

Les projets de vacances
Holiday plans

- **What will you be doing during the school holidays?**
  Qu'est-ce que tu vas faire pendant les vacances ?
- **I'll stay at my grandparents'.**
  Je vais aller chez mes grands-parents.
- **How long will you stay?**
  Combien de temps y resterez-vous ?
- **We'll visit my elder brother.**
  Nous allons rendre visite à mon frère aîné.
- **I'm going to Spain with my family.**
  Je vais en Espagne avec ma famille.
- **We're planning on going camping this summer.**
  Nous avons l'intention d'aller camper cet été.

aller en vacances	**go on holiday**
choses à voir	**sights**
hébergement	**accomodation**
pays étranger	**foreign country**

rendre visite à	**visit**
reposer (se)	**rest**
s'amuser	**have a good time**
semaine de congé	**week off**
vacances scolaires	**school holidays**

En colo
At the summer camp

L'expression **summer camp** recouvre toutes sortes de formules de vacances organisées pour les jeunes : colonies de vacances, camps d'été, séjours à l'étranger, stages, etc. Il y a toujours un encadrement (**staff**), un programme (**programme**), un hébergement (**accomodation**)… et tout est fait pour qu'on s'amuse.

Figure 28-1 : A summer camp.

- **Our programme offers an opportunity to practise your English.**
  Notre programme vous donne l'occasion de pratiquer votre anglais.
- **Once a week, there is a full-day excursion to a nearby city.**
  Une fois par semaine, il y a une excursion de la journée dans une ville proche.
- **Activities such as paintballing, horse riding, are available.**
  Nous proposons des activités comme l'équitation ou le paintball.
- **You can choose among various workshops.**
  Vous pouvez choisir entre différents ateliers.

bateau (du)	**boating**
terrain de camping	**campsite**
activités manuelles	**crafts**
jeux	**games**
extérieur (à l')	**outdoors**
piscine	**pool**
sécurité	**safety**
chant	**song**
natation	**swimming**

À la mer
At the seaside

Que ce soit pour une journée ou pour de longues vacances, la mer attire beaucoup. Il y a de nombreuses villes balnéaires en Angleterre – même si le bronzage n'est pas forcément garanti.

- **Let's go to the beach.**
  Allons à la plage.

- **I want to get suntanned.**
  Je veux me faire bronzer.
- **Put lots of sunscreen or you will get sunburnt!**
  Mets plein de crème solaire ou tu vas avoir un coup de soleil !

baigner (se)	**bathe**
bouée	**rubber ring**
bronzage	**tan**
coquillage	**sea-shell**
crabe	**crab**
crème solaire	**sunscreen**
mouette	**seagull**
parasol	**umbrella**
phare	**lighthouse**
plage	**beach**
rocher	**rock**
sable	**sand**
station balnéaire	**sea-side resort**
vague	**wave**

En français, on peut prendre un bain dans la mer… ou dans la salle de bains. En anglais, on n'emploie pas la même expression.

have a bath ou **take a bath** pour la salle de bains ;

bathe pour le bain de mer (ou de piscine) ;

… et **sunbathe** pour « prendre un bain de soleil ».

Les vacances d'hiver
Winter holidays

bottes après-ski	**snow boots**
bonhomme de neige	**snow man**
bonnet	**hat**
cabine	**gondola**
écharpe	**scarf**
ensemble de ski	**ski suit**
patin à glace	**ice skate**
gants	**gloves**
lunettes de ski	**ski goggles**
neige	**snow**
patinoire	**skating ring/ice ring**
pente	**slope**
piste de ski	**ski run**
ski alpin	**downhill skiing**
ski de fond	**cross-country skiing**
station de ski	**ski resort**
télésiège	**chair lift**

CHEZ NOS VOISINS

Les Anglais font du ski !

Beaucoup de Britanniques choisissent de venir en France pour les vacances d'hiver. Ils ont bien quelques stations de ski en Écosse – notamment à Glencoe, dans les Highlands –, mais la neige n'est pas toujours présente et elle ne dure pas longtemps. Il faut dire que le point culminant de l'Écosse est le mont Ben Nevis à 1 344 mètres d'altitude. Donc les stations sont à une altitude d'environ 800 mètres et les pistes ne dépassent pas 1 000 mètres.

On se loge
Accomodation

En camping
Camping

Le camping, c'est presque synonyme de vacances. Vous êtes nombreux à aimer dormir sous la tente entre copains ou en famille.

- **Make sure you pitch your tent on flat, dry land.**
  Faites attention à planter votre tente sur un sol sec et plat.
- **Make sure your tent is water-resistant and easy to assemble.**
  Assurez-vous que votre tente est imperméable et facile à monter.
- **Or you might sleep under the stars on a windy beach!**
  Ou vous pourriez dormir à la belle étoile sur une plage venteuse.
- **Don't forget to take a first-aid kit.**
  N'oubliez pas de prendre une trousse de premiers secours.
- **Your kit should include medicine, insect repellent and sunscreen.**
  Votre trousse devrait contenir des médicaments, une lotion anti-insectes et de la crème solaire.

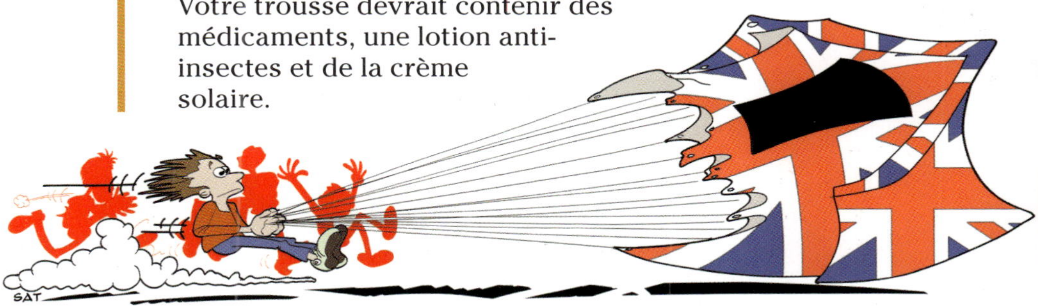

aire de pique-nique	**picnic area**
anti-insectes	**insect repellent/bug spray**
bouteille de gaz	**gas bottle**
chaise pliante	**folding chair**
couverture	**blanket**
glacière	**cooler**
mât de tente	**tent pole**
matelas gonflable	**inflatable mattress**
panier pique-nique	**picnic basket**
parasol	**umbrella**
piquet de tente	**tent peg**
réchaud	**cooking stove**
sac de couchage	**sleeping bag**
table de pique-nique	**picnic table**
tente	**tent**
terrain de camping	**camping site**
torche	**flashlight**
caravane	**caravan (UK), trailer (US)**
camping-car	**dormobile/camper**

En auberge de jeunesse
In a youth hostel

L'auberge de jeunesse est très populaire chez les jeunes – sympa et pas cher, tout ce qu'ils recherchent. Côté confort et tranquillité, ce n'est pas toujours au top !

- **Can I book a bed for tonight?**
  Puis-je réserver une chambre pour ce soir ?

- **Do you have any vacancies?**
  Est-ce qu'il vous reste des chambres ?
- **In most youth hostels, you will sleep in dorms.**
  Dans la plupart des auberges de jeunesse, on dort dans des dortoirs.
- **You share the bathroom with other hostellers.**
  Vous partagez la salle de bains avec les autres résidents.
- **On each bed, there is a pillow and a blanket.**
  Sur les lits, il y a des oreillers et des couvertures.
- **When you check in, you pick up your bed linens in the reception area.**
  Quand vous vous enregistrez, vous prenez des draps à la réception.
- **You'll need to bring soap, shampoo and other toiletries.**
  Il faudra que vous apportiez du savon, du shampooing et autres produits de toilette.
- **What time is breakfast served in the morning?**
  À quelle heure est le petit déjeuner ?

chambre d'hôtes	**bed and breakfast**
meublé	**furnished**
hôte, hôtesse	**host, hostess**
salle de bains	**bathing facilities**
lits superposés	**bunk beds**
terrain de jeu	**playground**
dortoir	**dormitory**
auberge de jeunesse	**youth hostel**

CHEZ NOS VOISINS

Les Bed and Breakfast

Les Britanniques ont inventé cette forme d'hébergement bien avant que les Français ne découvrent les chambres d'hôtes. Dans toutes les villes et villages, les panneaux annoncent les B & B, parfois avec un écriteau amovible, **Vacancies** (Chambres libres) ou **No vacancies** (Complet).

On partage souvent la salle de bains des hôtes qui, généralement, vous recevront chaleureusement – sauf dans les endroits touristiques où ils sont souvent plus distants.

À l'hôtel
At the hotel

- **I'd like to reserve a room for one night.**
  Je voudrais réserver une chambre pour une nuit.
- **Hi, I'd like to check in. I have a reservation.**
  Bonjour, j'ai réservé une chambre.
- **Here is the key. Your room is on the second floor.**
  Voici la clé. Votre chambre est au premier étage.
- **Do I pay now or at checkout?**
  Dois-je régler maintenant ou au moment du départ ?

GRAMMAIRE

Le mot **luggage** ne s'emploie pas au pluriel. Il signifie « les bagages ».

Si on veut parler d'un bagage, on dit **a piece of luggage**.

chambre familiale	**family room**
chambres libres	**vacancies**
clé	**key**
complet	**no vacancies**

enregistrer (s')	**check in**
étage	**floor**
numéro de chambre	**room number**
réception	**reception**
réserver	**book, reserve**
cafétéria	**coffee shop**
information	**information desk**

On voyage

Travelling

Il existe plusieurs mots pour parler des voyages en anglais.

Travel : le mot le plus général pour parler des voyages.

- **My father works for an export company. He travels all over the world.**
  Mon père travaille pour une société d'exportation. Il voyage dans le monde entier.
- **Have you ever travelled abroad?**
  Tu as déjà voyagé à l'étranger ?

Trip : une excursion, un voyage plutôt court.

- **I went on a school trip to Coventry. It was very interesting.**
  Je suis allé en voyage scolaire à Coventry. C'était très intéressant.
- **Have a nice trip!**
  Bon voyage !

Journey : on parle du trajet.

- **The journey from London to Manchester takes three hours.**
  Le trajet de Londres à Manchester dure trois heures.

Tour : un circuit touristique, avec des visites.

> **My parents took a package tour to Greece.**
> Mes parents sont allés en Grèce en circuit organisé.

agence de voyage	**travel agency**
aller à l'étranger	**go abroad**
voyage organisé	**package tour**

En deux roues

By bike

On a le même mot en anglais pour un vélo et une moto : a **bike** (même si on peut être puriste et préciser **motorbike)**. L'important est de se souvenir qu'en français on dit « faire du vélo » alors qu'en anglais on dit **ride a bike**. Et surtout, n'oubliez jamais votre casque (**safety helmet**).

à plat (pneu)	**flat (tyre)**
casque	**helmet**
avoir une crevaison	**have a puncture**
faire du vélo	**ride a bike**
moto	**motorbike**
pédale	**pedal**
piste cyclable	**cycle lane**
pneu	**tyre (GB), tire (US)**
roue	**wheel**
vélo	**bike**
vélo tout terrain	**mountain bike**

En train

By train

La Grande-Bretagne n'est plus vraiment une île depuis le tunnel sous la Manche ! Avec l'Eurostar, on va de Paris à Londres en 2 h 20. Et on arrive à la gare de Saint Pancrace, bâtiment historique qui a été complètement réhabilité pour accueillir l'Eurostar en 2007.

Figure 28-2: Saint Pancrace station.

- **What time does the train from Paris arrive?**
  À quelle heure arrive le train en provenance de Paris ?
- **When does the next train for Ipswich leave?**
  À quelle heure part le prochain train pour Ipswich ?
- **A single ticket for Oxford, please.**
  Un aller simple pour Oxford, s'il vous plaît.
- **Which platform does the train leave from?**
  De quel quai part le train ?
- **How long does the journey take?**
  Combien de temps dure le voyage ?

- **How much is a second-class return ticket?**
  Combien coûte un aller-retour en deuxième classe ?
- **Punch your ticket before you get on the train.**
  Compostez votre billet avant de monter dans le train.

aller-retour	**return ticket**
aller simple	**single ticket**
consigne	**left-luggage lockers**
contrôleur	**ticket collector**
départ	**departure**
gare	**railway station**
guichet	**ticket office**
être à l'heure	**be on time**
manquer le train	**miss the train**
monter dans le train	**get on the train**
partir de	**leave from**
quai	**platform**
retard (en)	**late**
voie	**track**
wagon	**carriage**

Traverser la Manche
Crossing the Channel

La traversée de la Manche (**the Channel**) en ferry de Calais à Douvres (**Dover**) prend environ 1 h 30. C'est plus long que d'emprunter le tunnel sous la Manche (**the chunnel**) en train ou en voiture – mais c'est plus exotique et les ferries sont très luxueux, donc la traversée devient une croisière très agréable…

par temps calme. Peu de temps après avoir quitté Calais, on aperçoit les falaises de Douvres, ce qui est un joli spectacle.

bateau à moteur	**motor boat**
bateau à voile	**sailing boat**
bateau	**boat**
cabine	**cabin**
cale	**hold**
canot de sauvetage	**lifeboat**
charger	**load**
coque	**hull**
couler	**sink**
équipage	**crew**
flotter	**float**
gilet de sauvetage	**life jacket**
marin	**sailor**
monter à bord	**go on board**
navire	**ship**
phare	**lighthouse**
pont	**deck**
port	**harbour**
quai	**wharf (pl. wharves)**
traversée calme	**smooth crossing**
traversée houleuse	**rough crossing**

En avion

By plane

- **The flight is delayed/cancelled.**
  Le vol est retardé/annulé.
- **The 1456 flight from Chicago is on time.**
  Le vol 1456 en provenance de Chicago est à l'heure.
- **Fasten your seat belts.**
  Attachez vos ceintures.
- **Immediate boarding gate 3.**
  Embarquement immédiat porte 3.

aéroport	**airport**
appareil	**aircraft**
atterrir	**land**
cabine	**cabin**
décoller	**take off**
départ	**departure**
destination	**destination**
embarquer (avion)	**board**
équipage	**crew**
hublot	**window**
réserver une place	**book a seat**
soute à bagages	**baggage hold**
supprimer	**cancel**
voler	**fly**

CHEZ NOS VOISINS

Heathrow airport

Le principal aéroport de Londres est Heathrow. **Londres Heathrow** est l'aéroport international le plus fréquenté au monde. Il dessert 180 destinations dans plus de 90 pays.

From Heathrow, you can get to London by train, underground, taxi, bus... or bicycle. Vous pouvez vous rendre de Heathrow à Londres en train, métro, taxi, bus... ou à vélo.

En voiture

By car

Et si vous suggériez à vos parents de vous emmener en Grande-Bretagne en voiture ? Ce serait l'occasion de leur montrer que vous pouvez servir d'interprète !

céder le passage	**give way**
encombré	**busy**
clignotant	**indicator**
code de la route	**highway code**
conduire	**drive**
doubler	**overtake**
embouteillage	**traffic jam**
freiner	**brake**
garer (se)	**park**
heure de pointe	**rush hour**
limitation de vitesse	**speed limit**
parking	**car park**
permis de conduire	**driving licence**

ralentir	**slow down**
essence	**gas (US), petrol (UK)**
pétrole	**oil**

CHEZ NOS VOISINS

Mais pourquoi roulent-ils à gauche ?

Au Moyen Âge, les hommes qui circulaient à dos de cheval se tenaient du côté gauche des chemins, de façon à toujours avoir leur épée prête à l'attaque sur le côté droit.

Ce type de circulation fut adopté partout jusqu'à ce que Napoléon arrive et oblige les pays conquis à rouler à droite. Bien entendu, les Anglais refusèrent d'obéir…

Et on roule à gauche dans tous les pays qui ont été anglais à un moment de leur histoire : en Inde, en Australie, et dans les pays africains anglophones, notamment.

- **I'll take my driving test when I am 18.**
  Je passerai mon permis de conduire quand j'aurai 18 ans.
- **Start the car.**
  Démarrez la voiture.
- **Fasten your seat belt.**
  Attachez votre ceinture.
- **Turn right/left.**
  Tournez à droite/à gauche.
- **Go straight on.**
  Continuez tout droit.
- **The speed limit is 70 miles an hour.**
  La limite de vitesse est 110 à l'heure.
- **Be careful, there is a no-entry sign.**
  Attention, il y a un sens interdit.
- **He was fined for speeding**
  Il a eu une amende pour excès de vitesse.

- **The car has broken down.**
  La voiture est en panne.
- **The car has run out of petrol/gas.**
  La voiture est tombée en panne d'essence.
- **I have got a puncture**
  J'ai un pneu crevé.
- **Check tire pressure.**
  Vérifiez la pression des pneus.

Les panneaux routiers

Road signs

- **Keep right./Keep left.**
  Serrez à droite./Serrez à gauche.
- **Slippery when wet.**
  Glissant en cas d'humidité.

attention	**caution**
cédez le passage	**yield**
croisement	**crossing/Xing**
devant, à venir	**ahead**
croisement	**junction/jct**
feux tricolores	**traffic light**
péage	**toll**
ralentir	**slow down**
sortie	**exit**
station-service	**gas station**
stationnement interdit	**no parking**
travaux	**roadwork**

CHEZ NOS VOISINS

Les feux tricolores

En Grande-Bretagne, les feux passent du rouge à l'orange, puis au vert, et non pas directement du rouge au vert. Toute personne qui passe à l'orange risque une forte amende !

Les distances

Attention, n'oubliez pas qu'au Royaume-Uni et aux États-Unis les distances se mesurent en **miles**, et non en kilomètres.

1 mile = 1,609 km. (Petit moyen mnémotechnique : 1 mile = « un ciseau neuf » (1-6-0-9).

Les vitesses sont donc indiquées en **miles per hour** (mph).

Les limitations de vitesse

	UK	USA
En ville :	50 km/h	40 à 55 km/h
Sur route :	95 km/h	80-105 km/h
Sur autoroute :	110 km/h	120 km/h

Chapitre 29

Mon corps, ma santé

Dans ce chapitre :

- Les parties du corps
- Les soins corporels
- La santé

C'est bien joli de parler de ce que l'on pense, de ce que l'on ressent, de ce que l'on fait… mais, quand même, nous avons tous un corps ! Et c'est bien utile de savoir comment nommer les parties de ce corps, ne serait-ce que pour pouvoir dire « tu sais celui qui a les cheveux blonds tout raides »…

Et puis, il faut soigner notre hygiène corporelle – au quotidien, bien sûr – mais aussi, en particulier, quand nous sommes malades.

Le corps n'aura plus de secret pour vous quand vous aurez appris le contenu de ce chapitre !

Les parties du corps

Body parts

Commençons par les mots essentiels ! Votre corps est composé de votre tête (**head**), de votre tronc (**trunk**) et de vos membres (**limbs**).

L'armature en est votre squelette (**squeleton**), qui est un ensemble d'os (**bones**), lequel est entouré de chair (**flesh**).

La tête
The head

bouche	**mouth**
crâne	**skull**
dent	**tooth**
front	**forehead**
joue	**cheek**
langue	**tongue**
lèvre	**lip**
menton	**chin**
nez	**nose**
œil	**eye**
oreille	**ear**
visage	**face**

GRAMMAIRE

Il y a peu de pluriels irréguliers en anglais… mais en voici un : **a tooth** (dent), pluriel **teeth** (dents).

> **He has a sweet tooth.**
> Il aime les sucreries.

À RETENIR

On a un cerveau, bien sûr : **brain**. Mais ce mot a une particularité.

Le mot **brain**, au singulier, fait référence à l'organe – mais pour parler de l'intelligence, on l'utilise plutôt au pluriel. (Comme

les lunettes, le pantalon ou le short, le cerveau est composé de deux parties !)

- **She's got brains!**
  C'est une pointure !

Les membres
Limbs

Les membres supérieurs

bras	**arm**
coude	**elbow**
épaule	**shoulder**
poignet	**wrist**

Les membres inférieurs

cheville	**ankle**
genou	**knee**
jambe	**leg**
orteil	**toe**
pied	**foot**

ATTENTION !

Il y a deux mots pour parler d'un membre :

limb si on parle du corps humain :

- **He lost a limb during the war.**
  Il a perdu un membre pendant la guerre.

member si on parle d'une personne faisant partie d'une organisation :

- **He is a member of the team.**
  Il est membre de l'équipe.

Les mains
Hands

doigt	**finger**
main	**hand**
ongle	**nail**
paume	**palm**
poing	**fist**
pouce	**thumb**

Les cheveux et les poils
Hair and hairs

ATTENTION !

On utilise le même mot – mais quand on parle des cheveux on ne met pas de **-s**. **Hair** équivaut au mot français « chevelure » – donc, c'est logique, il est suivi d'un verbe au singulier.

- **My hair is too long! I must go to the hairdresser's.**
  J'ai les cheveux trop longs ! Il faut que j'aille chez le coiffeur.

Remarquez, au passage, la différence de construction entre le français et l'anglais.

Si on veut parler de « poils », on utilise un **-s**.

Les couleurs et styles

chauve	**bald**
cheveux blonds	**blond hair**
cheveux bouclés	**curly hair**
cheveux bruns	**brown hair**
cheveux gris	**gray hair**
cheveux noirs	**black hair**
cheveux ondulés	**wavy hair**

cheveux raides	**straight hair**
cheveux roux	**red hair**

Les poils du visage

barbe	**beard**
cils	**eyelashes**
moustache	**mustache**
sourcil	**eyebrow**

Les cinq sens
The five senses

Comment parler de la vue (**sight**), de l'ouïe (**hearing**), du goût (**taste**), de l'odorat (**sense of smell**) et du toucher (**sense of touch**) ? Vous avez besoin de connaître les verbes correspondants – et les mots qui désignent les organes de ces sens.

aveugle	**blind**
entendre	**hear**
goûter	**taste**
nez	**nose**
odeur/sentir	**smell**
œil	**eye**
oreille	**ear**
peau	**skin**
sourd	**deaf**
toucher	**touch**
voir	**see**

À RETENIR

On emploie presque toujours le modal **can** devant les verbes qui se réfèrent aux cinq sens.

- **I can see him.**
  Je le vois.
- **I can hear the train.**
  J'entends le train.
- **Can you smell this rose?**
  Tu sens cette rose ?

Les soins corporels

Body care

Combien de temps passez-vous chaque jour dans la salle de bains ? Aux dires de certains sondages, les filles y passent plus de temps que les garçons… (Mais pas tous les garçons !)

ATTENTION !

Les expressions anglaises et françaises sont un peu différentes. Observez l'utilisation du possessif qui est rendu en français par un verbe pronominal (je me lave, tu te brosses).

- **Don't forget to brush your teeth.**
  N'oublie pas de te brosser les dents.
- **I wash my hair every two days.**
  Je me lave les cheveux tous les deux jours.

brosse	**brush**
brosse à dents	**toothbrush**
dentifrice	**toothpaste**
lait à démaquiller	**cleansing milk**
maquillage	**makeup**
miroir	**mirror**
ombre à paupières	**eye shadow**
peigne	**comb**

rouge à lèvres	**lipstick**
savon	**soap**
shampooing	**shampoo**

- **She is wearing makeup today.**
  Elle est maquillée aujourd'hui.

La santé
Health

Chez le docteur
At the doctor's

- **I'd like to make an appointment, please.**
  Je voudrais prendre rendez-vous, s'il vous plaît.
- **I need a doctor.**
  J'ai besoin d'un médecin.

- **What's wrong with you?**
  Qu'est-ce qui ne va pas ?
- **Do you have a temperature?**
  Vous avez de la température ?

CHEZ NOS VOISINS

Allô, docteur ?

Tous les Britanniques ont droit aux soins assurés par le **National Health Service** (**NHS**), gratuits dans la plupart des cas. Mais ils n'ont pas le droit de choisir leur médecin ou leur dentiste. Sauf en cas d'urgence, le délai pour avoir un rendez-vous peut être long. Les médecins généralistes (**general practioners**) travaillent dans des cabinets avec d'autres médecins – et des infirmières dont le rôle est beaucoup plus développé que chez nous.

assurance maladie	**health insurance**
cabinet médical	**surgery**
consulter	**consult a doctor**
douleur	**pain**
être malade	**be ill/be sick**
faire mal	**hurt**
médecin généraliste	**general practitioner/GP**
ordonnance	**prescription**
patient	**patient**
salle d'attente	**waiting room**

Les petits bobos
Minor ailments

Un mot est bien utile à connaître : **ache** (mal). Il s'emploie rarement seul en tant que nom, mais il peut se combiner avec beaucoup d'autres pour préciser où vous avez mal. Et puis, il peut être un verbe et signifie alors « faire mal », verbe pour lequel on a un synonyme que vous connaissez déjà car il est dans la liste des verbes irréguliers, **hurt**.

- **I have a toothache.**
  J'ai mal aux dents.
- **I have a stomachache.**
  J'ai mal à l'estomac.
- **It hurts.**
  Ça fait mal.
- **My feet hurt.**
  J'ai mal aux pieds.
- **I don't feel well.**
  Je ne me sens pas bien.
- **I have a sore throat.**
  J'ai mal à la gorge.
- **I have caught a cold.**
  J'ai attrapé un rhume.
- **Do you cough a lot?**
  Vous toussez beaucoup ?

GROS PLAN

Choisissez le bon mot !

Deux mots pour « être malade »

Be ill s'emploie pour toute espèce de maladie.

Be sick fait plutôt référence à des maux d'estomac.

Attention, l'adjectif **ill**, dans le sens de « malade », ne s'emploie jamais comme épithète.

- **He is ill./He is sick.**
  Il est malade.
- **A sick child.**
  Un enfant malade.

Deux mots pour la maladie

Illness s'applique à n'importe quelle maladie.

Disease fait plutôt référence à une maladie contagieuse.

GRAMMAIRE

Il n'y a pas de règle logique. Il faut mettre **a/an** devant certains noms de maladie, **the** devant d'autres et pas d'article devant d'autres.

A/an :

a cold (rhume) – **an eye infection** (infection oculaire) – **a fever** (fièvre) – **a headache** (mal de tête) – **a stomachache** (maux d'estomac) – **a sore throat** (gorge irritée) – **a toothache** (mal aux dents) – **a sunburn** (coup de soleil)

The :

the flu (grippe) – **the measles** (rougeole)

Pas d'article :

AIDS (sida) – **cancer** (cancer) – **diarrhea** (diarrhée) – **malaria** (malaria), etc.

À l'hôpital
At the hospital

Et parfois, on se retrouve à l'hôpital !

- **In an emergency.**
  En cas d'urgence.
- **Can you call an ambulance?**
  Pouvez-vous appeler une ambulance ?
- **He is badly injured.**
  Il est gravement blessé.
- **He had surgery./He was operated on.**
  Il a été opéré.

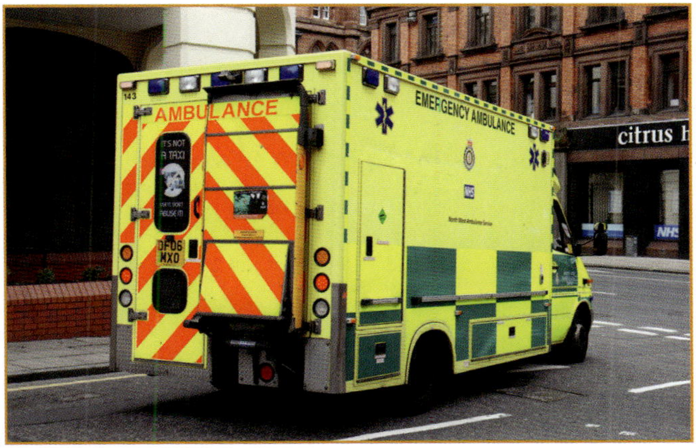

Figure 29-1 : An emergency ambulance.

CHEZ NOS VOISINS

Le numéro d'urgence

En Grande-Bretagne, faites le **999**. Vous serez en contact avec une personne qui vous orientera vers le service d'urgence correspondant à votre situation : un hôpital, les pompiers, un commissariat de police, les sauveteurs en mer ou en montagne, etc.

Aux États-Unis, composez le **911**.

Dans les deux cas, les appels sont gratuits.

accident	**accident**
blesser/blessure	**wound**
blessure	**injury**
bloc opératoire	**operating theater**
chirurgie	**surgery**
chirurgien	**surgeon**

crise cardiaque	**heart attack**
infirmière	**nurse**
opérer	**operate on**
piqure (faire une)	**injection (give an)**
urgence	**emergency**
plâtre	**plaster**

ATTENTION !

Le verbe **injure** signifie « blesser » et non « injurier » et le nom qui lui correspond est **injury** (blessure).

- **He was injured in a car accident.**
  Il a été blessé dans un accident de voiture.

Pour traduire « injurier », vous pouvez utiliser **abuse** (qui ne veut pas dire « abuser » !), **insult** ou **call names**.

Il y a un autre mot pour dire « blesser » : **wound**.
Choisissez plutôt **wound** si vous parlez d'une blessure par arme à feu.

- **He was severely wounded in Pakistan.**
  Il a été gravement blessé au Pakistan.

Maintenant, je vais bien !
Now, I'm fine!

- **I have completely recovered**
  Je suis complètement guéri.
- **This cream has healed my wound.**
  Cette pommade a guéri ma blessure.

bandage	**bandage**
comprimé	**tablet**
être en forme	**be fit**
guérir	**cure/heal**
sain	**healthy**

médicament	**medicine/drug**
prendre du repos	**get plenty of rest**
traitement	**treatment**

Chez le dentiste
At the dentist's

Comme chez nous, il faut parfois attendre un long moment avant d'avoir un rendez-vous !

Et, comme les médecins, les dentistes sont répartis par secteurs et les patients n'ont pas le choix.

- **I have an appointment at the dentist's tomorrow.**
  J'ai rendez-vous chez le dentiste demain.

appareil dentaire	**braces**
se brosser les dents	**brush one's teeth**
contrôle dentaire	**dental checkup**
dent	**tooth**
extraire/arracher	**pull out**
radio	**x-ray**
soigner une carie	**fill a cavity**
salle d'attente	**waiting room**

ATTENTION !

N'oubliez pas le pluriel irrégulier :

One tooth, two teeth.

Chapitre 30

Notre planète

Dans ce chapitre :

- Le climat et la météo
- Les paysages
- L'environnement
- Les animaux
- Les végétaux

Il y a beaucoup à dire sur la nature qui nous entoure. Comment la décrire, comment la protéger ?

Comme le dit une jeune lycéenne de 16 ans, Hong Nguyen, "**If more teenagers knew about the challenges we are facing, our planet would protected**." (Si plus de jeunes étaient conscients des défis auxquels nous sommes confrontés, notre planète serait protégée.)

Climat et météo

Climate and weather forecast

Rien de tel que de parler du temps pour lancer une conversation. C'est le premier sujet qu'un Britannique aborde avec toute personne qu'il rencontre. Mais, soyez diplomate ! Ne vous avisez pas de vous plaindre de la pluie qui n'a pas cessé depuis quatre jours… Laissez aux Britanniques le privilège de critiquer les quelques petits désagréments de leur climat (parfois meilleur que ce que dit la légende !).

- **Nice weather, isn't it?**
  Quel beau temps !
- **Glorious day, isn't it?**
  Quelle journée superbe !
- **Lovely day, isn't it? Not a cloud in the sky!**
  Il fait beau, n'est-ce pas ? Pas un nuage dans le ciel !

La météo
Weather forecast

Comme chez nous, les prévisions météorologiques sont un rendez-vous quotidien important à la télévision.

- **Here is the weather forecast.**
  Voici la météo.
- **There might be some rain over the Highlands.**
  Il se pourrait qu'il pleuve sur les Highlands.
- **Chilly temperatures are expected after sunset.**
  On prévoit des températures fraîches après le coucher du soleil.
- **It will be cloudy with sunny intervals over London.**
  Il y aura des nuages avec des éclaircies au-dessus de Londres.
- **The bitter cold is expected to continue.**
  Le froid intense va continuer.

Les types de temps
Types of weather

Il faut d'abord bien connaître les mots de base !

brouillard	**fog**
brume	**mist**
neige	**snow**

nuage	**cloud**
pluie	**rain**
soleil	**sun**
tempête	**storm**
vent	**wind**

ASTUCE

À partir des mots de base de la liste ci-dessus, vous pouvez définir les types de temps : il vous suffit d'ajouter une terminaison **-y** au nom pour en faire un adjectif, puis, tout simplement, vous prenez le verbe **be** !

- **It's windy. It's sunny. It's foggy.**
  Il fait du vent. Il fait du soleil. Il fait du brouillard.

Et, bien sûr, **snowy** veut dire « neigeux », **cloudy** « nuageux », **rainy** « pluvieux », **misty** « brumeux ».

GROS PLAN

Un verbe important : **shine** (briller).

- **The sun shines.**
  Le soleil brille.

On parle de **sunrise** (lever du soleil) et de **sunset** (coucher du soleil).

- **The sun rises in the east.**
  Le soleil se lève à l'est.

J'ai chaud, j'ai froid !
I'm warm, I'm cold!

GROS PLAN

Il faut choisir entre **hot** et **warm** en fonction du confort de la température.

Warm implique une chaleur agréable.

Hot implique une trop grosse chaleur.

Mais tout est une question d'appréciation personnelle – et d'expérience. Là où un Anglais vous dira **It's so hot!**, peut-être aurez-vous juste une impression de douce chaleur.

Et puis, attention, n'utilisez jamais le verbe **have** pour dire que vous avez chaud ou froid.

- **I am hot.**
  J'ai trop chaud.
- **He is cold.**
  Il a froid.

chaleur	**heat**
chaud	**warm**
doux	**mild**
frais	**chilly**
froid	**cold**
gelant	**freezing**
très chaud	**hot**

- **Temperatures will drop tomorrow.**
  Les températures vont baisser demain.
- **Autumn is chilly and damp.**
  L'automne est frais et humide.
- **It's freezing cold today.**
  Il gèle aujourd'hui.
- **The bitter cold was unexpected.**
  Le froid glacial était inattendu.

La pluie et la neige
Rain and snow

averse	**shower**
chute de neige	**snowfall**
flocon de neige	**snowflake**
fondre	**melt**

geler	**freeze**
glace	**ice**
humide	**damp**
humide (mouillé)	**wet**
neige	**snow**
pluvieux	**rainy**
boueux	**muddy**

CHEZ NOS VOISINS

Il pleut à verse

Certes, il y a parfois des périodes de sécheresse (**drought**) en Grande-Bretagne – mais pas tous les ans. Il pleut quand même assez souvent. C'est pour cela que la campagne est si jolie.

En France, il pleut parfois « des cordes », mais en Grande-Bretagne, comme chacun sait, on aime les animaux…

- **It's raining cats and dogs.** (Littéralement : il pleut des chats et des chiens.)

On peut aussi dire, de manière moins imagée : **It's pouring down.**

Le vent
Wind

brise	**breeze**
éclair	**flash of lightning**
orage	**thunderstorm**
ouragan	**hurricane**
tempête	**storm**
tonnerre	**thunder**

Les paysages

Landscapes

Il y a deux mots pour parler du paysage : **landscape** et **scenery**. Le mot **landscape** est le plus général. Le mot **scenery** a toujours une connotation positive, donc on ne parle jamais de ~~**ugly scenery**~~ (paysage laid).

- **Let's walk up the hill. We'll have a wonderful viewpoint.** Montons en haut de la colline. On aura un beau point de vue.
- **We need to protect our landscapes.** Nous devons protéger nos paysages.

Figure 30-1 : What a lovely scenery !

La Terre
The Earth

carte	**map**
caverne	**cave**
continent	**continent**
desert	**desert**
monde	**world**
pays	**country, land**
région	**area**
sol (matière)	**soil**
sol (surface)	**ground**
tremblement de terre	**earthquake**

ASTUCE

Chacun a un adjectif associé – plus simple que les adjectifs français !

Le nord → septentrional	**north → northern**
Le sud → méridional	**south → southern**
L'est → oriental	**east → eastern**
L'ouest → occidental	**west → western**

Avec les verbes de mouvement, c'est très simple. Observez bien comment sont traduites ces expressions.

- **We went north.**
  Nous sommes allés vers le nord.
- **Drive south.**
  Aller en voiture vers le sud.

La mer
The sea

côte	**coast**
profond	**deep**
faire de la voile	**sail**
falaise	**cliff**
île	**island**
marée haute/basse	**high/low tide**
océan	**ocean**
plage	**beach**
profond	**deep**
rivage	**shore**
rocher	**rock**
sable	**sand**
vague	**wave**

Les rivières et les lacs
Rivers and lakes

barrage	**dam**
cours d'eau	**stream**
cascade	**waterfall**
couler	**flow**
déborder	**overflow**
eau douce	**fresh water**
étang	**pool**
fossé	**ditch**

inonder	**flood**
lac	**lake**
mare	**pond**
rive	**bank**
source	**spring**
rivière	**river**

Les montagnes
Mountains

Certes, il n'y a pas beaucoup de montagnes en Grande-Bretagne – à part le Ben Nevis, dans les Highlands écossaises qui culmine à 1 343 mètres ! Mais les Anglais parlent quand même volontiers des montagnes et ils ont tous les mots pour cela !

col	**pass**
colline	**hill**
escarpé	**steep**
haut	**high**
hauteur	**height**
mont	**mount**
montagneux	**mountainous**
parcours pittoresque	**scenic route**
pente	**slope**
pic	**peak**
sommet	**summit**
volcan	**volcano**
vallée	**valley**

GRAMMAIRE

Une règle facile à retenir : on met **the** devant les noms de chaîne de montagne et pas d'article devant les montagnes proprement dites.

The Himalayas, the Alps, the Rocky Mountains, the Highlands, etc.

Mais : **Ben Nevis, Mount Everest, Kilimanjaro**.

L'environnement
Environment

L'écologie
Ecology

- **For easier recycling, separate waste.**
  Pour un recyclage plus facile, triez les déchets.
- **Human industry causes global warming.**
  L'industrie humaine cause le réchauffement de la planète.
- **Air pollution from exhaust fumes kills a lot of people.**
  La pollution de l'air causée par les gaz d'échappement tue beaucoup de gens.

contaminer	**contaminate**
débarrasser (se) de	**dispose of**
déchets	**waste**
détruire	**destroy**
diminuer	**diminish**
disparaître	**disappear/die out**
durable	**sustainable**
équilibre	**balance**
être nocif/nuisible	**be harmful**

menacer	**threaten**
nettoyer	**clean**
nuire à	**harm**
polluer	**pollute**
protéger	**protect**
purifier	**purify**
recycler	**recycle**

CHEZ NOS VOISINS

Jusqu'où va la télé-réalité ?

Jusque dans une décharge (**dumping ground**) ! Un programme de Channel 4 a donné à 11 candidats l'occasion de faire une expérience insolite. Seront-ils capables de survivre pendant 21 jours en trouvant de quoi se loger et se nourrir dans une décharge ?

Les animaux
Animals

Les animaux familiers
Pets

GRAMMAIRE

La règle générale veut que l'on utilise le pronom neutre **it** pour parler d'un animal. Mais il n'est pas question de considérer votre animal familier comme un neutre ! Vous pouvez tout à fait utiliser les pronoms **he** ou **she** pour parler d'elle ou de lui. On comprendra qu'il occupe une place particulière dans votre cœur.

- **Can you walk the dog, please?**
  Tu peux sortir le chien, s'il te plaît ?

aboyer	**bark**
apprivoiser	**tame**
caresser	**pat**
chat	**cat**
cheval	**horse**
chien	**dog**
dresser	**train**
joueur	**playful**
lapin	**rabbit**
lécher	**lick**
miauler	**mew**
mordre	**bite**
poil	**hair, fur**
queue	**tail**
sortir le chien	**walk the dog**

Les animaux de la ferme
Farm animals

abeille	**bee**
âne	**donkey**
canard	**duck**
chèvre	**goat**
cochon	**pig**
écurie	**stable**
faire de l’élevage	**breed**
ferme	**farm**

mouton	**sheep**
nourrir	**feed**
oie	**goose**
poule	**hen**
poulet	**chicken**
traire	**milk**
vache	**cow**

CHEZ NOS VOISINS

À la ferme ou dans l'assiette ?

Selon qu'ils sont sur pieds ou dans votre assiette, les animaux changent de nom. Dans l'assiette, ils retrouvent leurs racines françaises. Normal, quand il s'agit de gastronomie, non ?

La vache (**cow**) devient **beef.**

Le cochon (**pig**) devient **pork.**

Le mouton (**sheep**) devient **mutton**.

Ah ces Français !

Certaines habitudes françaises donnent des frissons aux Anglo-Saxons. Ainsi l'idée que nous puissions trouver du cheval ou du lapin dans nos assiettes leur fait le même effet que, pour nous, l'idée de manger du chat ou du chien. Quant aux escargots, aux huîtres et aux cuisses de grenouille… évitez même d'en suggérer l'idée !

Insectes et rampants
Insects and crawlers

araignée	**spider**
cafard	**cockroach**
chenille	**caterpillar**
escargot	**snail**
fourmi	**ant**

guêpe	**wasp**
mouche	**fly**
moustique	**mosquito**
puce	**flea**
ramper	**crawl**
serpent	**snake**
ver	**worm**

Dans l'eau
In the water

baleine	**whale**
crevette	**shrimp**
dauphin	**dolphin**
grenouille	**frog**
huître	**oyster**
moule	**mussel**
poisson	**fish**
requin	**shark**
saumon	**salmon**
truite	**trout**

CHEZ NOS VOISINS

La pêche au saumon

Les saumons (**salmon**) qui viennent se reproduire dans les cours d'eau d'Irlande et d'Écosse sont parmi les plus réputés du monde. Dans ces deux pays, la pêche au saumon est bien plus qu'un sport, c'est une véritable institution nationale.

Dans les airs
In the air

aigle	**eagle**
moineau	**sparrow**
oiseau	**bird**
pigeon	**pigeon**
perroquet	**parrot**
plume	**feather**
aile	**wing**
pondre	**lay eggs**
voler	**fly**

CHEZ NOS VOISINS

Les pigeons de Trafalgar Square

Nourrir les pigeons de Trafalgar Square fut pendant des années une des attractions favorites des touristes qui visitaient Londres. Malgré de nombreuses campagnes de protestation, il est maintenant interdit de nourrir ces animaux que la ville tente de chasser au motif qu'ils nuisent à l'architecture.

Au zoo
At the zoo

buffle	**buffalo**
chameau	**camel**
girafe	**giraffe**
hippopotame	**hippo**
lion	**lion**
singe	**monkey**

tigre	**tiger**
zèbre	**zebra**

Les petits
Baby animals

agneau	**lamb**
chaton	**kitten**
chiot	**puppy**
veau	**calf**

Il n'y a pas beaucoup de pluriels irréguliers en anglais… Mais en voici un.

Un veau, des veaux : **a calf, calves.**

Il y a quelques mots couramment employés que vous trouverez ci-dessous. Mais si vous ne savez pas, mettez simplement le mot **baby** devant le nom de l'animal et on saura de quoi vous parlez.

- **A baby tiger.**
  Un bébé tigre.

Il y a quelques mots comme **hen** (poule) à ne pas confondre avec le coq (**cock**), **bitch** (chienne), ou **lioness** (lionne). Mais simplifiez-vous la vie : mettez **female** devant le nom de l'animal !

Les végétaux
Plants

Les arbres
Trees

bois	**wood**
branche	**branch**
donner des fruits	**bear fruit**

feuille	**leaf**
fleurir	**blossom**
forêt	**forest**
racine	**root**
tronc	**trunk**

Au jardin
In the garden

cultiver	**cultivate**
faire le jardin	**garden**
planter	**plant**
pousser, faire pousser	**grow**
semer	**sow**
tondre la pelouse	**mow the lawn**
entretenir	**keep up, maintain**
dessécher	**dry up**
engrais	**fertilizer**
graine	**seed**
herbe	**grass**
herbe aromatique	**herb**
légume	**vegetable**
pelouse	**lawn**
fleur	**flower**
mauvaise herbe	**weed**
herbe	**grass**
champignon	**mushroom**
désherber	**weed**

Cinquième partie

La partie des Dix

Dans cette partie…

Si seulement les anglophones pouvaient comprendre qu'il serait plus simple pour tout le monde, soit de parler directement français, soit, si vraiment ils tiennent à garder leur langue, de la calquer directement sur le français… Ce ne serait pas compliqué, dans une phrase, il suffirait de mettre un mot anglais chaque fois qu'il y a un mot français ! Croyez bien que nous leur avons déjà répété. Et bien malgré nos recommandations, rien à faire, ils continuent à ne pas s'occuper de nous, à construire leurs verbes comme ils l'entendent, à utiliser des faux amis rien que pour nous énerver, bref, à nous amener sournoisement à faire des fautes… Heureusement cette partie est là pour vous aider à contourner ces chausses trappes !

Chapitre 31

Les 10 fautes d'orthographe à surveiller

Dans ce chapitre :

- Pas comme en français
- Ne vous fiez pas à la prononciation !
- Question de grammaire

Déjà l'orthographe française donne du mal… Entre les doublements de consonnes (combien de « p » et de « l » dans appeler ?), les lettres qui ne se prononcent pas (pourquoi un « i » dans oignon ?), les mots qui peuvent s'écrire de plusieurs façons différentes (mère, maire, mer ?), les accents auxquels il faut penser et les accords des participes passés, on ne s'en sort pas ! Reconnaissons-le, l'anglais est quand même un peu plus simple… Quoi que… En anglais aussi des pièges nous guettent !

Pas comme en français

Dinner

Pas d'accent sur le « i », ça on s'en doutait. Mais pourquoi deux « n » ? Une question de prononciation, certainement…

- **He is invited to dinner. They dine at 7:30.**
  Il est invité à dîner. Ils dînent à 19 h 30.

Envelope

En français, on nous le répète assez : il y a deux « p » à enveloppe. Oui, eh bien, pas en anglais ! Il n'y en a qu'un. Exactement comme pour le mot développer.

- **Would you have an envelope?**
  Auriez-vous une enveloppe ?

Future

Alors, là, allez comprendre... Déjà ce mot a une prononciation impossible (un truc qui ressemblerait à « fioutcha »), mais en plus, on ne sait pas pourquoi, il lui faut un « e » final !

- **I'll be more careful in the future.**
  Je ferai plus attention dans le future.

Independent

Là, franchement, pour les orthographes biscornues du son « an », les Français sont champions... pourquoi « an » et « en » dans le mot « indépendant » ? Les Anglais ont choisi de simplifier les choses : **independent**, on ne peut pas leur en vouloir !

Example

Alors là, en revanche, il ne faut pas exagérer ! Qu'ils aient choisi « en » dans le mot précédent pour simplifier, on pouvait leur pardonner. Mais alors, pourquoi un « a » dans **example** ? Ils ne se moqueraient pas un peu de nous, par hasard ?

- **It's a good example.**
  C'est un bon exemple.

Ne pas se fier à la prononciation

Complete

On renonce… Ils écrivent une chose et en disent une autre, comment voulez-vous qu'on s'y retrouve ? Une seule solution, le graver dans sa mémoire : on prononce « compliiiite », mais on écrit **complete**. Voilà, c'est tout, fin de la discussion !

- **It's complete nonsense.**
  C'est du grand n'importe quoi.

Career

Évidemment, quand on prononce des sons pour lesquels il n'y a pas de lettre correspondante, on se retrouve bien ennuyé… (Nous parlons ici en particulier des diphtongues.) Eh bien tant pis, il fallait y penser avant, maintenant on se débrouille pour trouver des solutions ! Nous en avons une ! Retenez-la. Quand les Français écrivent « carrière » (merci les accents français !), les Anglais devront se contenter d'un bête « ee » dans **career**.

Quand l'orthographe dépend de la grammaire

It's

À l'oral, on ne remarque rien… Mais à l'écrit, ça change tout ! Si vous oubliez l'apostrophe, vous transformez un verbe en pronom possessif, et on ne comprend plus rien…

- **It's its new kennel.**
  C'est sa nouvelle niche.

Crisis

Attention, danger ! Ce mot paraît très fiable, vu comme ça. Il se prononce comme il s'écrit – ou presque. Pas de raison de se tromper ! Eh bien si, au pluriel, il continue à se prononcer de la même façon, mais sournoisement l'orthographe change et devient **crises**… De quoi piquer une crise de nerf !

Le « e » qui change tout

Heroine

On l'a gardé pour la fin celui-là, car c'est un magnifique exemple de l'importance de l'orthographe. Le mot **heroine**, comme son équivalent français, renvoie à une femme formidable, qui accomplit des actions extraordinaires et que l'on adore. À ne pas confondre avec son homonyme **heroin**, qui renvoie à la drogue qui fait tant de dégâts… un petit « e » qui change tout !

Chapitre 32

Les 10 faux amis à surveiller

Dans ce chapitre :

- On s'en méfie, et pourtant
- Tellement proches du français, et pourtant si différents

Tout le monde en a entendu parler, de ces fameux « faux amis ». À tel point que beaucoup d'élèves français, quand ils rencontrent un mot trop proche de leur langue, se méfient systématiquement, alors que la plupart du temps les vrais amis nous aident à comprendre le sens… Ils ne sont pas si nombreux, ces faux amis si sournois, le tout est de les reconnaître pour savoir les démasquer !!

De vrais amis

Transparents comme de l'eau de source

Beaucoup de mots anglais (pas loin de la moitié) ont une origine latine, comme les mots français… Alors bien entendu avec le temps ils ont parfois pris un sens un peu différent, mais quand même, on les reconnaît bien.

- **The bus is parked just near the hotel.**
  Le bus est garé juste à côté de l'hôtel.

Méfions-nous

Actual

Actual signifie réel, véritable. À ne pas confondre avec **present**, ou **current**, autres mots transparents, que l'on utiliserait pour parler de quelque chose d'actuel.

- **He calls himself Shinikami, but his actual name is David.**
  Il se fait appeler Shinikami, mais son vrai nom est David.

Attention également à l'adverbe dérivé de **actual**. **Actually** signifie « en fait », et non « actuellement ».

Figure

Rien à voir avec le visage. Pour parler du visage, on utilisera le mot **face**, un vrai ami, celui-là, qui a son équivalent en français.

- **She punched him in the face.**
  Elle lui envoya son poing à la figure.

Le mot **figure** est généralement utilisé pour parler de chiffres. **Disappointing figures** signifie que les résultats sont décevants, on ne parle pas du tout de l'apparence de quelqu'un qui aurait été défavorisé par la nature !

Figure peut tout de même s'employer pour parler d'une personnalité.

- **He is a major political figure in the UK.**
  C'est une personnalité politique majeure en Grande-Bretagne.

Change

Attention à ne pas confondre **change** (la monnaie) et **money** (l'argent). Imaginez, si vous dites dans un magasin **Sorry I have no money**, pas sûr que la vendeuse vous fasse un sourire en vous disant qu'elle va se débrouiller !

- **She gave me 60p in change.**
  Elle m'a donné 60 pence en petite monnaie.

Injured

Si vous lisez la phrase **nobody was injured in the accident**, n'en déduisez pas que l'accident a eu lieu entre personnes bien élevées qui auraient su garder leur sang-froid dans des circonstances éprouvantes… **Injure**, selon qu'il est un nom ou un verbe, signifie une blessure ou blesser.

Dire des injures, couvrir quelqu'un injures se dira **abuse someone** ou **call someone names**.

Journey

Encore un mot qui ressemble trop à son cousin français pour être tout à fait honnête… On utilise le mot **journey** en anglais pour parler d'un trajet, d'un déplacement d'un point à un autre. La journée, quant à elle, se traduira tout simplement par **day** !

- **It was a long journey, and a nice day.**
  Ce fut un long voyage, et une belle journée.

Library

Évidemment, tout Français normalement constitué ne se posera pas de question en lisant **Meet me at the library**… Et pourtant il le devrait ! Car s'il attend devant la librairie la plus proche, il risque de rater son rendez-vous. **Library** signifie bibliothèque et non « librairie ».

Et pour parler d'une librairie, alors ? Eh bien, on utilisera le terme **bookshop**. Rien que de très logique, finalement !

Problem/issue

Les Français adorent parler de leurs problèmes. On parle de gros problèmes ou de petits problèmes. Un bouton sur le nez ?

Un problème ! Le chômage ? Un problème ! Les Anglais, eux, choisiront le mot à utiliser en fonction de l'importance de l'événement. **An issue** dérange, ennuie, mais ne bouleversera pas votre vie. Alors que **a problem** est beaucoup plus grave, et aura un impact directement sur vous ou sur les gens qui vous entourent.

- **Unemployment is a real problem in Europe.**
  Le chômage est un véritable problème en Europe.

Mais au fait… **issue**… rien à voir avec l'issue de secours, donc ? Eh bien non ! L'issue de secours se dira **emergency exit**… On ne s'en sort pas, et ça, c'est un problème !

Rude

Évidemment on pourrait se laisser abuser, mais **rude** n'a rien à voir avec son cousin français « rude ». En anglais, **rude** signifie « impoli, mal élevé ».

- **I didn't mean to be rude**
  Je ne voulais pas être impoli.

« Rude » peut se traduire par **hard**, ou **tough**.

- **You have been tough with him.**
  Tu as été rude avec lui.

Sale

En Angleterre ou aux États-Unis, on voit parfois de grands panneaux proclamant **Sale !** sur les vitrines des magasins… Un mouvement de protestation de groupuscules voués à la dénonciation des échoppes qui ne nettoieraient pas leurs vitres assez souvent ? Bien sûr que non, **a sale** est une vente.

- **House for sale.**
  Maison à vendre.

Et ce mot sera également utilisé pour annoncer les soldes, ce qui explique qu'on le voie écrit si gros sur les vitrines…

- **These shoes are on sale.**
  Ces chaussures sont en vente.

C'est la raison pour laquelle un vendeur s'appellera **a salesman** (ou **saleswoman** !), rien à voir avec son hygiène corporelle ! Ce qui est sale se dira **dirty**.

- **Go and wash your hands, they are dirty.**
  Va te laver les mains, elles sont sales.

Sensible/sensitive

Ces deux mots sont tellement proches qu'on a du mal à les différencier.

Sensible se dit de ce qui est sensé ou judicieux.

- **That's the most sensible answer I can give you.**
  C'est la réponse la plus sensée que je puisse te faire.

C'est **sensitive** qui sera utilisé pour parler de quelqu'un qui est capable de ressentir des émotions, ou qui réagit à la moindre sollicitation !

- **Mary is a very sensitive girl.**
  Mary est une jeune fille sensible.

Chapitre 33

Les 10 verbes à surveiller

Dans ce chapitre :

- Si proches, et pourtant si différents !
- Ils se ressemblent tellement !
- On se trompe toujours !
- Un seul verbe mais tellement de sens
- Incontournables ! Les verbes irréguliers

Certains verbes peuvent poser des problèmes à un francophone. Certains se traduisent de la même façon, mais ne peuvent pas s'employer dans le même contexte. Pourquoi, par exemple, les Anglais font-ils la différence entre l'argent gagné à la sueur du front et celui gagné à la loterie ? L'important est bien d'avoir l'argent en poche, non ? Pourquoi ont-ils autant de mots pour décrire le regard ?

D'autres verbes ont une construction différente de celle du français, et là aussi, cela pose problème… D'autres encore, au lieu de se contenter d'une traduction, changent de sens en fonction de la particule qui les suit… Et on ne parle même pas des inévitables verbes irréguliers qui trouvent le moyen de ne pas faire comme les autres… Décidément, certains verbes anglais doivent être surveillés de près.

Si proches, et pourtant si différents !

Do ou make ? Tant qu'à faire...

Il s'agit bien de la même chose dans les deux cas : on fait... Pourtant ces deux verbes ne sont pas interchangeables. **Do,** le plus courant, est l'équivalent de notre « faire » français. **Make,** lui, a plutôt le sens de « fabriquer », de « créer ».

- **What are you doing? I have just made a cake.**
  Qu'est-ce que tu fais ? Je viens de faire un gâteau.

Do ou **make** ?

You make a noise (du bruit), **your bed** (votre lit), **money** (de l'argent), **war** (la guerre), **a phone call** (un coup de fil), **a mistake** (une erreur), **a decision** (une décision), **an effort** (un effort), **an exception** (une exception), **an excuse** (une excuse), **love** (l'amour), etc.

You do your hair (une mise en plis), **your room** (ta chambre), **the housework** (le ménage), **the shopping** (les courses), **the ironing** (le repassage), **sports** (du sport), **your duty** (votre devoir), **business** (des affaires), **good** (du bien), **harm** (du mal).

Bring ou take ? En tout cas, ne venez pas les mains vides !

La différence entre **bring** et **take** est similaire à celle qui existe entre **come** (venir) et **go** (aller) : dans le premier cas, on s'approche de l'énonciateur, dans le second on s'en éloigne.

On ne fait cependant pas la différence selon qu'on apporte/emporte des objets ou qu'on amène des personnes... C'est toujours une question de moins à se poser !

- **Can you take the children to school, Jane?**
  Tu peux emmener les enfants à l'école, Jane ?
- **You don't need to bring anything.**
  Pas besoin d'apporter quoi que ce soit.

Remember ou remind ? Souvenirs, souvenirs

Dans les deux cas, on se retourne vers le passé. Mais ces deux verbes ne sont pas interchangeables et ont chacun ses spécificités.

Remember s'utilise pour faire référence à un souvenir que l'on a tout seul, sans avoir besoin de l'aide de quelqu'un ou de quelque chose.

- **I remember she was wearing a red dress.**
  Je me souviens qu'elle portait une robe rouge.

Remember est transitif : alors qu'en français on se souvient <u>de</u> quelque chose, en anglais **you remember something** (pas besoin d'ajouter une préposition).

Remind signifie que quelqu'un ou quelque chose déclenche un souvenir chez quelqu'un d'autre.
Attention à la construction. **Remind somebody of something/ someone**. Rappeler quelque chose /quelqu'un à une personne.

- **When she was angry, Hanna reminded him of his mother.**
  Quand elle était en colère, Hanna lui rappelait sa mère.

Say, tell ou talk ? Comment dire ?

On peut utiliser plusieurs verbes, pour rapporter les paroles de quelqu'un. En anglais, les deux plus courants sont **say** et **tell**, que l'on utilise dans des circonstances différentes.

Tell est utilisé de préférence quand on mentionne l'interlocuteur. On utilisera **say** quand on rapportera des paroles, au style direct ou indirect, sans forcément préciser par qui ces paroles ont été dites.

- **He told his parents he was at his friend's. He said (that) he would spend the night there.**
  Il dit à ses parents qu'il était chez son copain. Il dit qu'il passerait la nuit là-bas. (Le relatif **that** peut être omis pour alléger la phrase.)

ATTENTION !

En français la personne à qui on parle est précédée de la préposition « à » (Il a dit à Claire de venir) et se positionne avant le verbe si on y fait référence à l'aide d'un pronom (Il lui a dit de venir). En anglais, quel que soit le cas, la personne à qui on parle se place juste derrière le verbe, nul besoin de préposition.

He told Claire to come./He told her to come.
Il a dit à Claire de venir./Il lui a dit de venir.

Say ou tell ?

- **You tell the truth** (la vérité), **a story** (une histoire), **a fortune** (fortune), **the time** (l'heure).
- **But you say a prayer** (une prière), **goodbye** (au revoir).

Win ou earn ? En tout cas, c'est pour moi !

Earn est utilisé pour parler de l'argent qu'on gagne en travaillant, ou en faisant un effort. C'est un salaire (**salary**) ou une rémunération (**wages**).

- **I earn 2,000 € a month.**
  Je gagne 2 000 euros par mois.

Win suggère une victoire sur quelque chose : dans les jeux et le sport.

- **I won £10 000 at the lottery.**
  J'ai gagné 10 000 livres à la loterie.

Ils se ressemblent tellement !

Lose et loose : à une lettre près

Deux mots se ressemblent beaucoup en anglais, tellement qu'on a tendance à les confondre : **lose** et **loose**. Ils sont pourtant très différents !

D'abord **lose** est un verbe, qui signifie « perdre », alors que l'autre est un adjectif qui signifie « lâche ». Rien à voir ! Ensuite ils ne s'écrivent pas de la même façon, puisque l'un a un seul « **o** » quand l'autre en a deux. Enfin, ils ne se prononcent pas tout à fait de la même façon : **lose** se prononce /lu:z/ alors que **loose** se prononce /lu:s/ !

En plus, le passé de **loose** est **lost**, avec un seul « **o** », donc, on comprend mieux le souci ! Une seule consolation, les anglophones ont autant de mal à orthographier correctement ces deux mots que nous. C'est déjà ça !

- **Be careful you have a loose button on your jacket. You might lose it.**
  Attention il y a un bouton qui se détache sur ton gilet. Tu risques de le perdre.

Leave et let

Leave et **let** seront traduits par le même verbe, « laisser ». Mais en français, « laisser » peut avoir deux significations différentes : soit « quitter, abandonner » soit « permettre ou autoriser ». En anglais, on utilise un verbe spécifique pour chacun de ces deux cas. **Let** pour autoriser, et **leave** pour quitter.

Don't leave me alone here! Let me go with you.
Ne me laisse pas ici tout(e) seul(e) ! Laisse-moi aller avec toi.

Let et **leave** ne signifient pas forcément laisser.

On utilise **let** pour faire des suggestions.

- **Let's go to the cinema tonight.**
  Et si on allait au cinéma ce soir ?

Leave peut signifier « partir », ou « quitter ».

- **The train leaves at 4:30 p.m.**
  Le train part à 16 h 30.

On se trompe toujours !

Je suis bien d'accord.

La difficulté du verbe **agree** ne vient pas de son sens (donner son accord) mais de sa construction. En français, on est d'accord, ou on n'est pas d'accord. Il s'agit donc d'un état. En anglais, **agree** est un verbe. Il n'a pas besoin de **be** !

- **I agree with you.**
  Je suis d'accord avec toi.

Un seul verbe mais tellement de sens

Look

Quand on regarde dans un dictionnaire la traduction du verbe « regarder », à première vue, c'est le cas de le dire, tout semble simple. Regarder, verbe transitif, **look**.

À deuxième vue, les choses semblent déjà un peu moins claires. D'abord le verbe **look** peut se construire avec différentes prépositions, qui précisent la direction du regard.

- **What are you looking at? I'm looking for my keys.**
  Qu'est-ce que tu regardes? Je cherche mes clés.

chercher	**look for**
s'occuper de	**look after**
ressembler	**look like**
avoir hâte de	**look forward to**
faire attention	**look out**
avoir du respect	**look up to**

Incontournables ! Les verbes irréguliers

Les verbes irréguliers ne suivent aucune règle. Enfin… il y en a sûrement, mais bien compliquées et surtout qui remontent à bien longtemps ! Au prétérit et au participe passé, ils ont chacun une forme particulière. Pas le choix, il faudra les apprendre par cœur !

Annexe

Les verbes irréguliers indispensables

B

be	was	been	*être*
bear	bore	borne	*supporter*
beat	beat	beaten	*battre*
become	became	become	*devenir*
begin	began	begun	*commencer*
bend	bent	bent	*(se) courber*
bite	bit	bitten	*mordre*
bleed	bled	bled	*saigner*
blow	blew	blown	*souffler*
break	broke	broken	*casser*
bring	brought	brought	*apporter*
build	built	built	*construire*
burn	burnt	burnt	*brûler*
burst	burst	burst	*éclater*
buy	bought	bought	*acheter*

C

catch	caught	caught	*attraper*
choose	chose	chosen	*choisir*
come	came	come	*venir*
cost	cost	cost	*coûter*
cut	cut	cut	*couper*

D			
draw	drew	drawn	*dessiner*
drink	drank	drunk	*boire*
drive	drove	driven	*conduire*

E			
eat	ate	eaten	*manger*

F			
feed	fed	fed	*nourrir*
feel	felt	felt	*sentir*
fight	fought	fought	*combattre*
find	found	found	*trouver*
fly	flew	flown	*voler (oiseau, avion)*
forbid	forbad	forbidden	*interdire*
forget	forgot	forgotten	*oublier*
freeze	froze	frozen	*geler*

G			
get	got	got	*obtenir*
give	gave	given	*donner*
go	went	gone	*aller*
grow	grew	grown	*pousser (plante)*

H			
hang	hung	hung	*pendre*
have	had	had	*avoir*
hear	heard	heard	*entendre*
hide	hid	hidden	*cacher*

hit	hit	hit	*frapper*
hold	held	held	*tenir*
hurt	hurt	hurt	*faire mal*

K

keep	kept	kept	*garder*
kneel	knelt	knelt	*être agenouillé*
know	knew	known	*savoir*

L

lay	laid	laid	*placer*
lead	led	led	*conduire*
learn	learnt	learnt	*apprendre*
leave	left	left	*quitter*
lend	lent	lent	*prêter*
let	let	let	*laisser*
lie	lay	lain	*être couché*
light	lit	lit	*allumer*
lose	lost	lost	*perdre*

M

make	made	made	*faire*
mean	meant	meant	*vouloir dire*
meet	met	met	*rencontrer*
mow	mowed	mown	*tondre (pelouse)*

P

pay	paid	paid	*payer*
put	put	put	*mettre*

R			
read	read	read	*lire*
ride	rode	ridden	*aller (à cheval / à bicyclette)*
ring	rang	rung	*sonner*
rise	rose	risen	*se lever (soleil)*
run	ran	run	*courir*

S			
say	said	said	*dire*
see	saw	seen	*voir*
sell	sold	sold	*vendre*
send	sent	sent	*envoyer*
set	set	set	*placer*
sew	sewed	sewn	*coudre*
shake	shook	shaken	*secouer*
shine	shone	shone	*briller*
shoot	shot	shot	*tirer (fusil)*
show	showed	shown	*montrer*
shut	shut	shut	*fermer*
sing	sang	sung	*chanter*
sit	sat	sat	*être assis*
sleep	slept	slept	*dormir*
smell	smelt	smelt	*sentir*
speak	spoke	spoken	*parler*
spend	spent	spent	*dépenser*
split	split	split	*diviser*
spoil	spoilt	spoilt	*gâter*
spring	sprang	sprung	*jaillir*
stand	stood	stood	*être debout*

steal	stole	stolen	*voler (voleur)*
stick	stuck	stuck	*coller*
stink	stank	stunk	*sentir mauvais*
strike	struck	struck	*frapper*
sweep	swept	swept	*balayer*
swim	swam	swum	*nager*

T			
take	took	taken	*prendre*
teach	taught	taught	*enseigner*
tear	tore	torn	*déchirer*
tell	told	told	*dire*
think	thought	thought	*penser*
throw	threw	thrown	*jeter*

U			
understand	understood	understood	*comprendre*
upset	upset	upset	*troubler*

W			
wake	woke	woken	*réveiller (se)*
wear	wore	worn	*porter*
win	won	won	*gagner*
write	wrote	written	*écrire*

Crédits photographiques

Figure 1-1 : © Günay Mutlu/iStockphoto

Figure 5-1 : © David Mantel/iStockphoto

Figure 11-1 : © Patrick Heagney/iStockphoto

Figure 20-1 : © GYI NSEA/iStockphoto

Figure 21-1 : © Oversnap/iStockphoto

Figure 22-1 : © George Clerk/iStockphoto

Figure 23-1 : © Fazon1/iStockphoto

Figure 24-1 : © Oversnap/iStockphoto

Figure 24-2 : © Ed Telling/iStockphoto

Figure 27-1 : © Adrian Beesley/iStockphoto

Figure 28-1 : © Morgan Lane Studios/iStockphoto

Figure 28-2 : © Jan Kranendonk/iStockphoto

Figure 29-1 : © ilbusca/iStockphoto

Figure 30-1 : © Lightkey/iStockphoto